JN033888

増補 刑事司法とジェンダー

牧野雅子
Makino Masako

インパクト出版会

増補 刑事司法とジェンダー 目次

二章　強姦事件における犯行動機の立証 70

序章

一　ジェンダーの視点

一般に、性暴力[1]を抑止するには、法による禁止と処罰が必要だと考えられている。刑法は社会の規範として働き、裁判による司法判断は、個別事件の加害者の処罰や被害者の救済にとどまらず、その後の訴訟や社会意識にも影響を及ぼす。しかし実際には、これまで指摘されてきたように、性犯罪の処罰規定自体に問題があり、法定刑は被害の実情を反映しているとはいえず、捜査や裁判過程では、被害者は二次被害を受ける可能性が高い上にプライバシーは侵害され、被害者の落ち度や性経験を理由に、犯罪と認められなかったり刑が軽減されることがあるなど、法は性暴力加害男性に有利に、被害女性には不利に働いていたのであった。その状況を改善するために、刑事司法システムにおけるジェンダーの視点の導入は、法実務のみならず、ジェンダー研究においても急務であった。

日本において問題にされてきた性暴力をめぐる法とジェンダーの課題は、刑法の問題と、刑事手続きを通して被害者が大きな負担を強いられるという問題に分類される。刑法上の問題としては、これまで以下のことが指摘されている。[2]

①強姦罪の客体（被害者）が女性に限定されている
②強姦罪が性器の挿入によって線引きされている
③保護法益が社会的法益だとされている
④性犯罪の成立に暴行・脅迫が必要だとされている
⑤法定刑が低い
⑥夫婦間レイプが成立しない

①と②は関連するが、性交以外の性的行為の被害性が軽視されていることと、男性被害者が保護されていないことが問題とされている。たとえば口腔性交には、強姦罪よりも法定刑の低い強制わいせつ罪が適用されるが、眼前に性器を突き付けられる恐怖や屈辱感は、被害後も何度も被害者を襲うことが知られている。[3] 加えて、生命を維持するのに不可欠な食物を採る器官である口腔への襲撃は、被害者の食行動や健康状態に大きな影響を及ぼす。それにもかかわらず、男性の女性に対する性器の挿入以外の性行為を軽視しているのは、妊娠可能性を重視した、いわば生殖

の保護であり、男性による女性支配の思想が背景にあると指摘されている。

③現行刑法では、強姦罪や強制わいせつ罪は、公然わいせつ罪や重婚罪などと共に、「わいせつ、姦淫及び重婚の罪」に配置されている。そのことは、立法時、強姦罪や強制わいせつ罪の保護法益が社会的法益であると考えられていたことを物語っている。判例や学説も、かつては、性犯罪の保護法益を貞操とする考え方が主流であった。現在は、強姦罪や強制わいせつ罪の保護法益は性的自由であるという判断が一般的になっており、性犯罪処罰規定を再構成する必要があると主張される。

④強姦罪は、構成要件上「暴行・脅迫」が必要とされており、被害者がどれほど「抵抗」したかによって、その存在が証明されることが一般的である[4]。被害者は恐怖から抵抗すら出来ない状態になる事が多いが法判断にはそうした被害の実情が反映されておらず、意に反した性行為という観点からの再構成が必要であるとも主張される。

⑤強姦罪と共に「暴行・脅迫」を構成要件とする、構造的類似性から比較される強盗罪の法定刑は、五年以上の有期懲役である。強姦罪の三年以上の有期懲役[5]と比べて格段の差が設けられていることは、強姦罪の保護法益の軽視であるとともに、その対象となる被害者が女性に限定されていることから、女性の人権の軽視であると主張される。

⑥夫婦間であっても望まない性交の強要があるが、基本的に、夫婦間レイプが成立しないことも問題視されている。

次に、被害者にとって大きな負担となっている刑事手続き上の問題をあげる。[6] 一般に犯罪被害者は以下のような問題にさらされやすいが、性犯罪ではその傾向が顕著である。

①被害者の落ち度が問題になる
②被害者が二次被害に遭う
③被害者のプライバシーが侵害される

①無罪が主張されるような事件では、加害行為の悪性ではなく、被害者が抵抗しなかった、現場から逃げなかったといった被害者の落ち度が問題となる。量刑判断にあっても、被害者の落ち度の有無や程度は大きな判断要因となる。

②二次被害とは、犯罪被害者が捜査や裁判、時にはマスコミの取材等によって受ける、更なる被害の総称である。特に、性暴力被害者が受ける二次被害を、セカンドレイプと呼ぶ。

③性暴力事件では、被害者に対して事件とはなんら関係のない性経験を詳細に聴取することが一般的であり、被害者のプライバシーが侵害されている。被害者の性経験の聴取は、貞操度を測って被害者適格を調べたり、供述の信用性を測るために行われているといってよい。

これらの刑事手続き上の問題は、被害者が被害申告や告訴を躊躇う大きな原因となっており、そのことが、性犯罪の潜在化に繋がっているとも指摘されている。

ジェンダーという中立性のある語を得たとはいえ、いまだ女性性暴力被害者が法の場で不利益を受けており、その改善が必要である以上、ジェンダーと法をめぐる議論も、以上のような女性性暴力被害者の保護に関する問題が中心である。そこでは、女性であっても、加害者の妻や捜査に当たる女性警察官などは、分析や保護の対象から外されるだけでなく、時には男性の価値観を内在した女性として批判の対象となることもある。また、学説上の議論よりも、現在起こっている法律上の差別問題や、法の判断が社会の性差別に繋がる問題に、重点が置かれている。たとえば、現在も学説上議論の対象となっている、強制わいせつ罪の成立には加害者の「性的意図」が必要であるとされる問題[7]に関しては、被害者保護の観点からは、重要だとは考えられていない。これは、実際の裁判では、加害者の性的意図の有無が問われることはほとんどないことと、性犯罪を被害者の意に反する性行為として再構成すれば、加害者の性的意図は問題にする必要がないためだと考えられる。

こうした性暴力と法をめぐるジェンダーの視点による議論は、被害者保護の必要性を訴えると同時に、被害者の非を追及したり、尋問に耐えられないのならば加害者を訴追することを認めないとするような、法が性暴力と性犯罪を「線引き」する判断や態度を問題にしている。そして、法に被害者＝ジェンダーの視点を導入することによって、性暴力を犯罪化させようとしてきたのである[8]。

二　加害者の責任追及

被害者＝ジェンダーの視点を導入することでジェンダー・バイアスが解消されれば、法は正しく制定・運用され、性暴力抑止に繋がると期待されている。法が被害者の痛みに敏感になれば、被害の実情に沿った加害者処罰が行われて、性暴力がいかに被害者を傷付けるかという認識は法を超えて広がり、性暴力に対する非難の気運が醸成される。また、法手続きの改善によって、被害申告・告訴の障壁となっている被害者の不利益を取り除けば、性暴力が顕在化し、加害者は適正に処罰され、性暴力の抑止に繋がる、と。[9]だが、ジェンダーは非対称に構造化されており、それは法も例外ではない。被害者保護を目的として被害者＝ジェンダーの視点を導入しても、加害者に対する法のまなざしが変わり、加害行為が抑止される、とは限らない。

被害者に対する刑事手続き上の配慮がされる一方で、明らかになるのは、被害者が性暴力被害に遭ったことを人に知られたくないことを加害者は熟知し、犯行に利用しているという事実である。[10]被害者に対する配慮は、被害者の保護と事件の顕在化を促進するために必要である反面、被害事実が公表されることは恥であるとするスティグマを公認しているともいえる。このスティグマは、被害女性に対する抑圧となるのみならず、被害申告を躊躇わせる「暴力」として加害者に利用され、性暴力の実行を容易にし摘発を逃れさせる可能性を生む。[11]被害者に対する配慮の必要性を叫ぶことが、加害者に、被害者が何を恐れているかという情報を提供していることになるのである。[12]

かつて松浦理英子は、強姦は女性に対する最大の侮辱であるという言説の効果を問い、性暴力の被害性を訴えることが性暴力を生むシステムの強化に繋がる可能性を指摘した。[13] この循環を断ち切るためには、被害者ではなく、加害者がよって立つ価値観を解体しなければならない。先に加害者ありきであって、被害者は、被害に遭うことで生まれるのだから。現在のところ、性犯罪加害者についての情報は、性犯罪事件の立証や動機の解明を行う刑事司法が独占しており、加害者がよって立つ価値観の解体を担えるのは、刑事司法だということになる。

これまでの被害者保護を目指すジェンダーの視点は、被害女性に対する刑事司法の姿勢を問題にしていたために、加害男性をめぐる問題を不問に付してきた。性犯罪事件の分析では、その焦点は被害女性の不利益にあり、加害者が法の場でどのように語られ扱われているかを対象とすることは今までなかったのである。だが、性暴力の抑止を考えるならば、加害者に着目した法のジェンダー研究が必要なのではないだろうか。

加害者に対する法の姿勢を問うとは、奇妙に思われるかも知れない。法は、性暴力加害男性に寛容に、被害女性を抑圧するように働く、加害男性に有利なシステムであることはこれまで指摘され続けてきているのだ。被害者の落ち度や性経験を問う価値観は加害者本人のものであったのではないか、加害者の供述を採用し被害者の訴えをはねのけてきたのが刑事裁判ではないか、と。だが、加害者の語りの何を取り上げ何を取り上げないか、そしてどのように加害者の物語を編み

「供述」に仕立て上げていくのかという権限は、刑事司法が持っている。裁判を通して私たちが知ることが出来るのは法の判断を経由した加害者像でしかないのである。

三　先行研究

これまでのところ、ジェンダー研究において性暴力加害者や「加害者と法」に焦点を当てたものはわずかである。[14]加害者に言及していても、性犯罪裁判で行われる、被害者の落ち度を追及する考え方や方法は加害者の思考である、といった被害者保護の視点を反転させた議論が多い。

犯罪加害者研究では、これまで、加害者の犯行をめぐる事件の背景や心理についての、刑務所入所者等に対する定量的研究がある。[15]事件記録を資料として用いた分析もあるが、[16]記録の内容を客観的事実とみなして分析データとするものであり、捜査過程や内容を問うものではない。近年は、性犯罪者の再犯防止対策が注目されており、海外施策の紹介や、[17]日本での取り組みの可能性を探った論考がある。[18]加害者を「治療」する観点からも、症例研究や原因探求、治療法が模索されている。[19]ただし、加害者研究にあっては、対象者に接近することが難しいことから、刑事政策や矯正医学など、直接加害者に接近出来る分野に限られているのが現状である。[20]

一九九〇年代以降、日本でも、性暴力被害者の経験が被害者本人によって語られ、その被害の重大さが認知されるようになった。[21]当事者の語りが存在するためには、聞き手が必要であり、[22]それが社会に聞き届けられるためには、社会に被害者の物語を共有する基盤が必要である。[23]性暴力被害者をめぐる近年の動きは、被害者の勇気はもとより、性暴力被害者の声に耳を傾ける社会の素地が整ったことによるところも大きいだろう。一方、性暴力加害者の経験についてはどうだろうか。管見するところ、性暴力加害者の経験に接近出来る一次資料はほとんど公刊されていない(24)。一般に、犯罪化されたケースについては、警察の取調べや裁判の供述という形で、犯罪事実や犯行原因が語られていると考えられているが、それらは刑事司法の価値観を経由したものであって一次資料とは言い難い上に、被疑者・被告人の人権保護の観点からも、その供述が公開されることはない。また、日本の刑事裁判は調書裁判と呼ばれ、捜査機関の証拠が重要視されるが、当事者の人権保護の観点からも加害者は分析対象となることが少なく、従来の研究は、条文や判例、学説研究等に対象が限定されていた。

四　研究の対象と方法及び構成

以上のような現状に対して、本書は、性暴力加害者に着目して、法律や犯罪に対応する公的機関の諸活動、すなわち刑事司法システムが加害者をどのように扱ってきたのかを、法律や政策の歴史及び捜査・裁判分析から明らかにすると共に、強姦加害者に対する調査によって加害者の経験に接近し、性暴力加害者の責任を問う法のあり方を提言するものである。

一章は、近代刑法の誕生期から現在までの、刑法及び性犯罪防止政策の歴史を整理する。政策については、警察という、最も早い段階で犯罪当事者と接触し、濃密に関わり合い、強い影響力を持つ公的機関における性犯罪対策を取り上げる。刑法や政策が、性犯罪被害者・加害者にどのようなまなざしを向けていたのか、性暴力やその防止をどのように考えていたのか、国会会議録などの立法議論記録、各種犯罪統計、新聞記事、警察教養誌紙、警察機関誌を資料として分析する。

二章から四章では、二〇〇一年一二月から翌二〇〇二年一一月までの約一年間にわたって行った、連続強姦事件の裁判判及び加害者Yに対する調査によって得られた資料をもとに、加害者の経験に接近するとともに、捜査や裁判過程で性犯罪加害者がいかに扱われているのかを明らかにする。二章では、事件記録を用いて、捜査段階での犯行動機の立証過程を分析する。刑事裁判では犯行動機の解明が不可欠だとされているが、その立証はいかなる方法で行われているのか、更に動機は解明されたのかを問う。警察捜査は、個々人の捜査員が行っているものの、組織によって定められた判断や方法によって行われるため、警察官を対象にした捜査参考書も分析対象とする。

三章では、裁判における加害性の立証活動を対象に、裁判官の心証を得るための検察官の戦略がいかなる価値観に基づいているかを分析するとともに、加害者捜査の問題点を指摘する。

四章は、強姦加害者のインタビューや往復書簡等によって得られた資料を記述・分析することで、加害者の経験に接近する。Yの語りは性暴力加害者を代表するものではないが、捜査や裁判の供述と比較することで、刑事司法のよって立つ物語を浮き上がらせ、性犯罪の原因究明や犯罪者の処遇を刑事司法が独占することの問題点を指摘したい。

スーザン・エストリッチは、暴力を行使してのレイプ、複数の加害者によるレイプ、被害者と加害者との間に以前に関係がないケースを「凶悪なレイプ」、それ以外のものを「シンプル・レイプ」と呼び、「シンプル・レイプ」は有罪になりにくいと指摘している。[25]日本でも、「シンプル・レイプ」は女性の落ち度や貞操観念が問われて有罪となりにくいことが指摘されてきた。そのため、ジェンダーの視点による分析対象も「シンプル・レイプ」事件が主であった。こうした議論は「シンプル・レイプ」を犯罪化させるという動機に基づいており、見ず知らずの女性を凶器を用いて脅し強姦したような「凶悪なレイプ」は既に犯罪化されているため、被害者への配慮ということを除けば、刑事司法のあり方が問題視されてこなかった。

本書で扱う事件は、通りすがりの女性を凶器を用いて脅したり、自宅に侵入して強姦したという「凶悪なレイプ」である。[26]したがって、犯罪の立証において、これまで批判されてきた、被害者の落ち度を追及したり性経験を持ちだして被害者の供述の信用度を測ったり被害者適格を問うような、男性中心主義的な価値判断は入り込む余地はない。加害行為の原因を被害者に転嫁出来ない「凶悪なレイプ」の立証過程では、加害者の責任のみが追及されているはずである。また、この事件は、警察が被害者対策を開始した一九九六年以降に起こっており、性犯罪捜査では被害者の保護を前面に打ち出した捜査が行われているはずである。裁判でも性犯罪の厳罰化が進んでいた時期でもあり、被害者の視点導入後の、法の性暴力に対する意識の変化を捉えることの出来る事件であると思われる。

註

(1) 本書では、意に反した性的行為である「性暴力」と、刑事法に規定されかつ刑事司法機関によって犯罪であると判断された性暴力、すなわち犯罪化されたものを「性犯罪」と呼んで区別する。本書でいう性犯罪とは、刑法で定められた強姦罪及び強制わいせつ罪に該当するものを指している。なお、刑事司法の語を、刑事裁判のみならず、犯罪に対応する諸機関及びその活動を意味するものとして、広義に用いた。

(2) 金城清子『法女性学のすすめ――女性からの法律への問いかけ〔第四版〕』一九九七年　有斐閣、「性的自由の保障と強姦罪」『法学セミナー』一九九〇年　四三〇号、秀嶋ゆかり「刑事実務におけるジェンダー」『現代刑事法』二〇〇三年　五巻三号、島岡まな「ジェンダーと現行刑法典」『現代刑事法』二〇〇三年　五巻三号、角田由紀子『性差別と暴力――続・性の法律学』二〇〇一年　有斐閣、岩井宜子「性犯罪法の保護するもの」『犯罪社会学研究』一九九五年　二〇号、森川恭剛「強姦罪について考えるために」『琉大法学』一九九八年　六〇号、段林和江「強姦罪の問題点」渡辺和子編『女性・暴力・人権』一九九四年　学陽書房、谷田川知恵「性的自由の保護と強姦処罰規定」『法学政治学論究』二〇〇〇年　四六号、福島瑞穂『裁判の女性学――女性の裁かれかた』一九九七年　有斐閣、「性は日本でどう裁かれてきたか」加藤秀一・坂本佳鶴恵・瀬地山角編『フェミニズム・コレクションⅡ　性・身体・母性』一九九三年　勁草書房　等

(3) 板谷利加子『御直披――レイプ被害者が闘った、勇気の記録』二〇〇〇年　角川文庫　一一三―一一四頁

(4) 「刑法第一七七条にいわゆる暴行又は脅迫は、被害者の抗拒を著しく困難ならしめる程度のものであることをもつて足りる」（最高裁判所判決　一九四九年五月一〇日『最高裁判所刑事判例集』三巻六号　七一一―七一四頁）

(5) 強姦罪の法定刑は二〇〇四年の刑法改正前は、「二年以上の有期懲役」であった。

(6) 秀嶋ゆかり「刑事実務におけるジェンダー」『現代刑事法』二〇〇三年　五巻三号、角田由紀子『性差別

と暴力――続・性の法律学』二〇〇一年　有斐閣、「性暴力犯罪被害者の抱える問題――弁護実務の観点から」『刑法雑誌』二〇〇一年　四〇巻二号、林陽子「強姦をめぐる法状況」『法学セミナー』一九九〇年　四三〇号、福島瑞穂『裁判の女性学――女性の裁かれかた』一九九七年　有斐閣、「性は日本でどう裁かれてきたか」加藤秀一・坂本佳鶴恵・瀬地山角編『フェミニズム・コレクションⅡ　性・身体・母性』一九九三年　勁草書房、段林和江「強姦被害者の人権と刑事手続」『法学セミナー』一九九〇年　四三〇号　等

（7）「強制わいせつ罪が成立するためには、その行為が犯人の性欲を刺戟興奮させまたは満足させるという性的意図のもとに行われることを要し、婦女を脅迫し裸にして、その立つているところを撮影する行為であつても、これが専らその婦女に報復し、または、これを侮辱し、虐待する目的に出たときは、強要罪その他の罪を構成するのは格別、強制わいせつの罪は成立しない」（最高裁判所判決　一九七〇年一月二九日『最高裁判所刑事判例集』二四巻一号一―一五頁）

この点に言及した論考は以下を参照。阿部純二「強制わいせつ罪における性的意図の要否」『現代刑事法』二〇〇〇年　二巻三号、大野平吉「強制わいせつ罪における主観的要素補説（その一）」『専修法学論集』一九九八年　七四号、長島裕「目的ないし内心的傾向」石川弘・松本時夫編『刑事裁判実務大系　第九巻身体的刑法犯』一九九二年　青林書院、齋藤信宰『新版　刑法講義［各論］』二〇〇七年　成文堂、大谷實『新版　刑法講義各論［追補版］』二〇〇二年　成文堂　等

（8）犯罪化とは、その行為が犯罪であると公権力が認定することをいい、禁止規定を制定する立法のみならず、犯罪捜査や刑事裁判までを含めた活動を指す（星野周弘「犯罪化・非犯罪化の実態と犯罪現象への影響」岩井弘融・所一彦・星野周弘編『犯罪観の研究――現代社会の犯罪化・非犯罪化』一九七九年　大成出版社）。

（9）たとえば以下のような主張。「昭和三三年に、集団によるものや、強姦致傷罪を非親告罪にしたところ、強姦罪の発生件数が飛躍的にふえたのをみても、強姦罪を非親告罪にして、顕在化をはかり、性暴力の抑止

をはかるのが、妥当な策と思われる」（岩井宜子「刑事法とジェンダー」辻村みよ子監修　辻村みよ子・山元一編『ジェンダー法・政策研究叢書　第三巻　ジェンダー法学・政治学の可能性――東北大学COE国際シンポジウム・日本学術会議シンポジウム』二〇〇五年　東北大学出版会　二四〇頁）
但し、ここで言及されている強姦致傷罪については、一九〇七年（明治四〇年）の現行刑法制定時に既に非親告罪であり、一九五八年に非親告罪化されたのは輪姦形態による強姦罪・強制わいせつ罪のみである。

（10）ある強盗強姦事件の裁判員裁判で、事件時被告人が被害者の顔を撮影し、「裁判員制度になったから、おれが捕まったらみんなが顔を見るぞ」と口止めしていたと検察官が主張したことが報道された。（『朝日新聞』二〇一〇年五月一二日　朝刊三五面）

（11）「私は、性暴力の被害者にその身を恥じさせ告発を抑制させることは、それ自体許しがたい性暴力であると考える。被害者が被害を受けたことを恥じなければならないように仕組むこの装置は、もっとも陰湿で許しがたい犯罪隠蔽装置である。けれどもその装置は今も根強く、性暴力犯罪者はその装置の作動を『あてにして』犯罪行為を行いうるのが現状である」（江原由美子『装置としての性支配』一九九五年　勁草書房　二二〇頁）

（12）裁判員裁判に該当する強姦致傷事件を、裁判員に事件を知られたくないという被害者の意向を汲んで、裁判員が関与しない強姦罪で立件したというケースがあった。（『朝日新聞』二〇一〇年四月九日　夕刊　一三面）

（13）松浦理英子「嘲笑せよ、強姦者は女を侮辱できない――レイプ再考」井上輝子・上野千鶴子・江原由美子編『セクシュアリティ　日本のフェミニズム六』一九九五年　岩波書店

（14）福島瑞穂は、犯罪統計資料を用いて性犯罪加害者の分析を行っている。（福島瑞穂「性は日本でどう裁かれてきたか」加藤秀一・坂本佳鶴恵・瀬地山角編『フェミニズム・コレクションⅡ　性・身体・母性』一九九三年　勁草書房）

(15) 佐藤欣子・杉原紗千子「強姦事犯の実態」『法務総合研究所研究部紀要』一九七八年 二一号、高桑益行・松本良枝・佐藤典子「強姦犯人の心理特性とその背景に関する研究」『法務総合研究所研究部紀要』一九七一年 一四号、山口静夫・室井誠一・澤田直子・吉田弘之「殺人、強盗及び強姦事犯者に関する研究――受刑者の意識を中心として(第一報告)」『法務総合研究所研究部紀要』一九八四年 二七号、茅場薫・室井誠一・澤田直子・吉田弘之「殺人、強盗及び強姦事犯者に関する研究――受刑者の意識を中心として(第二報告)」『法務総合研究所研究部紀要』一九八五年 二八号

(16) 松本巌・小宮山要・平野孝雄「強制わいせつの加害者と被害者との関係」『科学警察研究所報告 防犯少年編』一九七二年 一三巻二号、小宮山要・松本巌・土井敏彦・斎藤勝次「単独強姦の犯行過程(一)――攻撃場面を中心とした既遂、未遂要因の比較」『科学警察研究所報告 防犯少年編』一九七〇年 一一巻一号、松本巌・小宮山要・土井敏彦・斉藤勝次「単独強姦の犯行過程(二)――犯行経過を中心とした既遂・未遂要因の比較」『科学警察研究所報告 防犯少年編』一九七〇年一一巻一号

(17) 影山任佐「フランスの性犯罪――最近の動向とその対策」『犯罪学雑誌』二〇〇六年 七二巻一号、今福章二「性犯罪者と社会内処遇(Ⅰ)――カナダ・ブリティッシュコロンビア州における政策とその運用」『犯罪と非行』一九九七年 一一四号、同「性犯罪者と社会内処遇(Ⅱ)――カナダ・ブリティッシュコロンビア州における政策とその運用」『犯罪と非行』一九九八年 一一五号、渥美東洋・宮島里史「アメリカ合衆国における性犯罪前歴者対策について」『警察学論集』二〇〇六年 五九巻二号、髙木勇人「犯罪対策と情報――イギリスの性犯罪者法、犯罪・秩序違反法」『警察政策研究』二〇〇〇年 四号 等

(18) 藤本哲也『性犯罪研究』二〇〇八年 中央大学出版部、染田惠『犯罪者の社会内処遇の探求――処遇の多様化と修復的司法』二〇〇六年 成文堂、田口真二・平伸二・池田稔・桐生正幸編著『性犯罪の行動科学――発生と再発の抑止に向けた学際的アプローチ』二〇一〇年 北大路書房

（19）藤岡淳子『性暴力の理解と治療教育』二〇〇六年　誠信書房、中田修・石井利文「社会復帰に成功した性犯罪累犯者――年齢と身につけた技術が成功の主因」『犯罪と非行』一九九六年　一〇八号、林幸司・松田盛雄・藤丸靖明「性犯罪者の治療――矯正の果たす役割」『矯正医学』二〇〇〇年　四九巻一号、林幸司・藤丸靖明・松田盛雄「性犯罪者の治療――矯正の果たす役割（二）」『矯正医学』二〇〇一年　四九巻二―四号、川端壮康・内山八重「行刑施設における性犯罪者の集団精神療法」『犯罪心理学研究』二〇〇二年　四〇巻二号、吉岡隆・高畠克子編『性依存――その理解と回復』二〇〇一年　中央法規出版

（20）DV加害者に関しては、ジェンダーの視点からの実践や考察が行われている。（中村正「ドメスティック・バイオレンス加害者治療の試み――「男の非暴力グループワーク」の経験から」『アディクションと家族』二〇〇〇年　一七巻三号、草柳和之『DV加害男性への心理臨床の試み――脱暴力プログラムの新展開』二〇〇四年　新水社　等）

（21）被害者の経験については、板谷利加子『御直披――レイプ被害者が闘った、勇気の記録』二〇〇〇年　角川文庫、緑河実紗『心を殺された私――レイプ・トラウマを克服して』一九九八年　河出書房新社、甲野乙子『悔やむことも恥じることもなく――京大・矢野教授事件の告発』二〇〇一年　解放出版社、井田真木子『ルポ十四歳――消える少女たち』二〇〇二年　講談社文庫、田中萌子『知事のセクハラ　私の闘い』二〇〇一年　角川書店、小林美佳『性犯罪被害にあうということ』二〇〇八年　朝日新聞出版　等を参照。

（22）上野千鶴子は、精神科医・斎藤学の言を引いて、幼児期の性的虐待事実を当事者が訴えていても、聞き手に聞く準備が出来ていなければ、意味のある情報として成立しないと述べている。（上野千鶴子「〈わたし〉のメタ社会学」見田宗介・井上俊・上野千鶴子・大澤真幸・吉見俊哉『岩波講座　現代社会学　第一巻　現代社会の社会学』一九九七年　岩波書店　五七頁）

（23）「ナラティヴが盛んになるには、聞いてもらうコミュニティがなければならず、聞いてもらうコミュニテ

ィにとっては、その歴史やアイデンティティや政治をいっしょにつくりあげるストーリーがなければならない」（プラマー、ケン、桜井厚・好井裕明・小林多寿子訳『セクシュアル・ストーリーの時代——語りのポリティクス』一九九八年　新曜社　一八二頁）

（24）「緊急企画　性犯罪被害者の痛み——獄中からの加害者の手紙に応えて」『婦人公論』二〇〇九年　九四巻七号、翻訳書としては、ベイネケ、ティモシー、鈴木晶・幾島幸子訳『レイプ・男からの発言』一九八八年　筑摩書房、シュルツ、パメラ・D、颯田あきら訳『九人の児童性虐待者』二〇〇六年　牧野出版　がある。DV加害者の語りを記述したものには、豊田正義『DV——殴らずにはいられない男たち』二〇〇一年　光文社、吉廣紀代子『僕が妻を殴るなんて——DV加害者が語る』二〇〇一年　青木書店　等。

（25）エストリッチ、スーザン、中岡典子訳『リアル・レイプ』一九九〇年　JICC出版局

（26）そのような事件であっても、被害者の責任を問う声がある。筆者が二〇〇三年に関西社会学会で、本事件を扱った研究報告を行った際、フロアーから、被害者は逃げられたのではないか、このような状況で強姦出来るとは思えないという感想が出たのである。

一章　性犯罪処罰規定と政策の歴史

一　日本近代刑法の制定

（一）旧刑法

日本において近代刑法が誕生したのは、西欧モデルの刑法が布告された一八八〇年（明治一三年）のことである。明治政府の誕生以後、刑法典としては仮刑律（一八六八年（明治元年））、新律綱領（一八七〇年（明治三年））、及び新律綱領を補充する改定律例（一九七三年（明治六年））があったが、倫理面の規制を重視しており、残虐な刑や拷問が存在し、当事者の身分によって刑が違う等、封建的なものであった。明治政府は、西欧諸国との不平等条約の改正のために、それらの国と同等の法を整備する必要に迫られたのであった。

当時の西欧ではフランス刑法が優勢であったことから、日本においても、フランス刑法を基礎とした刑法が目指された。司法省は日本人編纂委員によって刑法の編纂に着手したが、日本人による編纂には限界があるとして、当時司法省の法律顧問であったフランス人法学者のボアソナードに草案を作成させ、それを元に、ボアソナードと司法省草案取調掛の鶴田皓らが協議をして、「日本刑法草案」を作成した。「日本刑法草案」は、刑法草案審査局によって修正が加えられた後、元老院の審議を経て、一八八〇年（明治一三年）に公布され、一八八二年（明治一五年）に施行された。この刑法は今日、旧刑法と呼ばれている。旧刑法は西欧モデルの法ではあるが、法案作成時の日本の社会情勢や明治政府の意向にも配慮したものとなっている。[1]

性犯罪の処罰規定は、個人的法益に対する罪として、第三編「身体財産ニ対スル重罪軽罪」第一章「身体ニ対スル罪」の第十一節「猥褻姦淫重婚ノ罪」に、

第三百四十八条　十二歳以上ノ婦女ヲ強姦シタル者ハ軽懲役ニ処ス薬酒等ヲ用ヒ人ヲ昏睡セシメ又ハ精神ヲ錯乱セシメテ姦淫シタル者ハ強姦ヲ以テ論ス[2]

と、定められた。[3] 条文には強姦が如何なる行為なのかが定義されていないが、ボアソナードは、「強姦トハ承諾ヲ待タス暴行脅迫ヲ以テ男女間ノ情欲ヲ遂ケタル事ヲ云フ」[4]と説明している。暴行・脅迫という構成要件の類似性から、強姦罪と比較されることの多い強盗罪の法定刑は軽懲役であり、強姦罪の法定刑と同じであった。[5]

さらに強制わいせつ罪の概念が、旧刑法制定時に初めて日本に導入された。[6]

第三百四十六条　十二歳ニ満サル男女ニ対シ猥褻ノ所行ヲ為シ又ハ十二歳以上ノ男女ニ対シ暴行脅迫ヲ以テ猥褻ノ所行ヲ為シタル者ハ一月以上一年以下ノ重禁錮ニ処シ二円以上二十円以下ノ罰金ヲ附加ス[7]

刑法編纂過程では、日本人編纂委員の鶴田が「此猥褻ノ所行ト強姦トノ区別ヲ分明ニ説カレンコトヲ乞フ[8]」と起案者のボアソナードに説明を求めており、強制わいせつ罪という新しい概念を持ち込むにあたって、随分と議論が重ねられた様子が窺える。ここで問題となるのは、強姦未遂か強制わいせつかの判断が困難な、性交に至らない性行為をどのように扱うかである。判断の根拠を求めた鶴田に対して、ボアソナードは、強制わいせつ罪は、処罰目的が強姦罪とは異なると説明する。

仮令暴行ヲ加ヘサルトモ幼者ニ対シ猥褻ノ所行ヲ為シタル者ハ必ス罰セサルヲ得ス何トナレハ幼者ノ淫行ヲ導キ夫カ為メ其終身ノ行状ヲ乱タス而已ナラス健康ヲ害スル恐レアル者ナレハナリ[9]

元来暴行脅迫ヲ用フルト否ラサルトヲ論セス猥褻ノ所行ヲ罰スルハ女子ノ淫心ヲ動カシ行状

ヲ乱タスノ害アル故ナリ(10)

わいせつ行為を処罰するのは、被害者の個人的法益が侵害されたためというよりも、被害者が性的被害を受けたことでそれが刺激となって身を持ち崩す恐れがあるとして、被害者の性的堕落を防ぐためだというのである。この説明を受けて、鶴田は強制わいせつ罪の規定の必要性を認め、日本においても強制わいせつ罪を設けることに同意する。

強姦罪・強制わいせつ罪は、処罰に被害者本人やその親族による告訴が必要な親告罪とされた。性被害に遭ったことは被害者の恥辱となり、それが公になることは名誉を害すると考えられたからである。特に、独身女性は、強姦された事実が公表されると、婚姻の障害となると考えられていた(11)。しかし、これらの致死傷罪については、医師の診察を受けた段階で被害事実が公表されたものとみなし、保護すべき利益はないとされ、親告罪とはみなされなかった(12)。

(二) 現行刑法

旧刑法は施行後間もなく批判にさらされ、改正の必要に迫られた司法省は、刑法改正案の作成に着手した。西欧の主流は、フランス刑法からドイツ刑法に移行しており、日本においても、ドイツ刑法を基礎とした改正が行われることになった。改正案は何度も練り直された後、一九〇七年の第二三回帝国議会に提出され、可決された。新刑法は一九〇七年（明治四〇年）に公布、翌一九〇八年に施行され、旧刑法は廃止された。この刑法は、その後、部分改正を重ねながら現在に至っている。

現行刑法で、強制わいせつ罪及び強姦罪は、以下のように規定された。

第百七十六条　十三歳以上ノ男女ニ対シ暴行又ハ脅迫ヲ以テ猥褻ノ行為ヲ為シタル者ハ六月以上七年以下ノ懲役ニ処ス十三歳ニ満タサル男女ニ対シ猥褻ノ行為ヲ為シタル者亦同シ

第百七十七条　暴行又ハ脅迫ヲ以テ十三歳以上ノ婦女ヲ姦淫シタル者ハ強姦ノ罪ト為シ二年以上ノ有期懲役ニ処ス十三歳ニ満タサル婦女ヲ姦淫シタル者亦同シ[13]

どちらの罪も、条文には「暴行又ハ脅迫」という構成要件が明記されており、旧刑法と同様、いずれの罪も親告罪である（第一八〇条）。また、強制わいせつ罪及び強姦罪は、旧刑法は個人的法益に対する罪であったのに対し、現行刑法では社会的法益に対する罪として位置づけられた[14]。強姦罪の法定刑は、「二年以上ノ有期懲役」である。一方、構成要件が強姦罪と類似していることから比較される強盗罪の法定刑は、旧刑法では強姦罪と同じ軽懲役であったのに対し、現行刑法では「五年以上ノ有期懲役」[15]と法定刑が大幅に引き上げられた。ここにおいて、強姦罪と強盗罪の法定刑には、格段の差がつけられたのである。

現行刑法は、旧刑法と比べて法定刑の幅が広くなり、裁判官の刑の量定に関する自由裁量の範囲が大きいところに特徴がある。(16) 社会状況に応じた刑罰の個別化が図れる反面、裁判官個人の意識や解釈に量刑判断の基準が委ねられるものでもあった。

(三)戦時下における性犯罪の重罰化

太平洋戦争中、治安の悪化を防止するため、「戦時ニ際シ燈火管制中又ハ敵襲ノ危険其ノ他人心ニ動揺ヲ生ゼシムベキ状態」で発生した犯罪について、現行刑法の性犯罪の法定刑を加重する「戦時犯罪処罰ノ特例ニ関スル法律」(一九四一年(昭和一六年))が制定された。(17)

「戦時犯罪処罰ノ特例ニ関スル法律」は全二条からなり、第一条は強姦罪や強制わいせつ罪、第二条は強盗罪や窃盗罪の法定刑を、それぞれ引き上げることが規定されている。強制わいせつ罪の法定刑は、「六月以上七年以下ノ懲役」から「三年以上ノ有期懲役」、強姦罪の法定刑は、「二年以上ノ有期懲役」から、「無期又ハ七年以上ノ懲役」に引き上げられた。こうした刑の加重は、保護法益の重大性に対する認識の変化や被害者の人権保護の観点からなされたのではなく、「治安ノ確保」という一般犯罪予防の目的からであった。そのため、各罪の保護法益や法定刑自体が吟味されることなく、現行法の法定刑を一律に引き上げる形をとっている。従って、強盗罪は現行法と同様に法定刑が強姦罪よりも重く設定され、現行法の「五年以上ノ有期懲役」が、「死刑又ハ無期若ハ十年以上ノ懲役」に引き上げられた。また強姦罪や強制わいせつ罪は現行法では親告罪であり、訴追には告訴が必要であるが、被害者のプライバシー保護よりも公益を重視するとの判断から、犯行態様には関係なく非親告罪化された。

この法律は不整備な急拵えのもので、審議の時間も与えられないものであった。他の罪も厳罰化する法案は、「戦時刑事特別法」に持ち越され、翌一九四二年（昭和一七年）に施行された[18]。「戦時刑事特別法」の施行を以て「戦時犯罪処罰ノ特例ニ関スル法律」は廃止された。

このように性犯罪の重罰化がされる一方で、現行法の拡大解釈により、出征軍人の妻の貞操保護にも力が注がれた。出征中の夫が前線から妻の貞操について警察に照会することもあり[19]、前線の士気を昂揚するため、出征軍人の妻に対する指導と姦通行為の取締りが行われたのである。当時、刑法には「有夫の婦」の姦通を禁止する姦通罪が存在したが[20]、姦通罪は告訴を必要とする親告罪であり、姦通行為が発覚しても、前線に立つ夫に告訴を求めることは出来ない。そこで、「夫」の留守に男が姦通目的で居宅に入った場合には、たとえ「妻」の承諾があったとしても住居侵入罪が成立するとして、捜査当局は、姦通目的で軍人宅に侵入した男を住居侵入罪で取締ったのである。その結果、戦時期の住居侵入罪での検挙数は激増した[21]。

「戦時刑事特別法」は一九四五年に廃止され、現行法の適用に戻された。

二　戦後の性犯罪をめぐる法と政策

（一）輪姦形態で行われた性犯罪の非親告罪化

一九五八年、内閣は第二八回国会に、汚職と暴力取締りの強化を目的とする、刑法の一部を改正する法律案を提出した。暴力取締りに関する改正案の狙いは、集団による暴力事犯の取締り強化であり、その中に、輪姦形態で行われた強姦罪・強制わいせつ罪の非親告罪化があった。強姦罪や強制わいせつ罪が親告罪なのは、刑事手続きにおいて被害者のプライバシーが公になるおそれがあり、加害者の処罰を求めることが、被害者にとって不利益となる場合があると考えられていることによる。一方で、告訴がなければ、犯罪者は適切な処罰が与えられぬまま社会に放置され、処罰されないのをいいことに犯罪行為を繰り返すおそれもある。当時、輪姦形態によって行われる強姦や強制わいせつ行為は凶悪性が高いとされ、放置すべきではないと考えられた。そこで政府は、輪姦形態によって行われる性犯罪を非親告罪化し、被害者の利益よりも公益を優先しようと考えたのである。

この非親告罪化は、性暴力の防止や処罰強化の目的によって提案されたものではなかった。衆議院法務委員会で、政府委員の竹内壽平刑事局長が刑法改正の目的を、「この立法のねらいは、先ほど申しましたように、広く言われておりますグレン隊とか、あるいは親分子分の関係で結びついておる組織的な暴力、そういうようなものを取り締る、あるいはそういうものから生ずるところの害を防ぐということにねらいがあるのでございます[22]」と述べたように、当時社会問題となっていた暴力団やグレン隊に対する取締りの必要性から求められたものだった。

売春防止法が一九五六年に公布され、一九五八年四月一日から刑事処分が適用されることで、性欲の解消手段を失った男性による強姦事案が増加すると懸念されたことも、法改正を後押しした。衆議院法務委員会で参考人として意見を求められた日本弁護士連合会会長の島田武夫は、以下のように述べている。

輪姦や強制わいせつ罪等は、婦女の被害が重大であり、最近頻発する傾向が見られるのでありますす。ことに、売春が禁止された結果、ますます増加することが予想される。しかるに、これらの規定が親告罪になっているために、これをよいことにして犯行を行う者があるように思われるので、非親告罪にしたものと考えられます。[23]

性犯罪が非親告罪化されることで最も懸念されるのは、刑事手続きや報道を通して被害者のプライバシーが侵害されることである。法務委員会で意見を求められた参考人からも、被害者のプライバシー侵害を危惧する意見が出されたが[24]、被害者のプライバシーに配慮した刑事手続きのあり方にまでは議論は発展せず、本改正案は可決された。[25] 輪姦形態によって行われた強姦や強制わいせつ行為は、被害者に配慮をすべき性犯罪というよりも、犯罪者の処罰による犯罪の防止を優先すべき暴力犯罪と位置づけられていたのである。

本改正が行われた一九五八年の強姦罪認知件数は五、九八八件と、前年の四、一二一件に比べて四四％も増加した[26]。この増加理由については、発生件数が増えたのではなく、それまで告訴がないために立件・起訴できなかったものが、輪姦形態による性犯罪の非親告罪化によって訴追可能となり、事件が顕在化したことによるとされることが多い[27]。性暴力事件は、実際の被害数と届出数に開きがあり、未届数、いわゆる「暗数」が非常に多いと言われている。性暴力抑止のためには、その顕在化が重要だと考えられていることから、一九五八年の強姦罪認知件数の増加は、刑法改正による性暴力の抑止効果の根拠としても用いられる[28]。だが、この認知数件の増加が刑法改正による非親告罪化によるものかについては疑問が残る。

認知数には少年事件も含まれているが、少年事件については、もともと全件送致が原則で、親告罪であっても、少年法の理念に照らして被害者の告訴の有無にかかわらず送致することとなっている[29]。捜査実務においても、少年事件は親告罪で告訴がなくとも送致しなければならないことは周知されていた[30]。従って、少年が関わる事件、すなわち少年共犯事件や少年と成人による共犯事件に関しては、立件・送致と親告罪における告訴の有無は関係なく、この刑法改正によって影響を受けるのは、成人複数名による共犯事件のみである。強姦罪の認知件数の増加が非親告罪化にあるとすれば、成人共犯事件の増減のみを取り上げねばならない。しかし、一九五八年の強姦罪検挙件数五、七九五件から解決事件を除いた五、七八〇件のうち成人共犯事件は三九三件[31]に過ぎず、同年の強姦罪未検挙事件一九三件が全て成人共犯事件であったとしても、強姦罪認知件数が前年より一、八六七件も増加したことの説明は出来ない。また、輪姦形態の性犯罪が非親告罪化されたことで、告訴がなくても犯人の訴追が可能にはなったが、そもそも被害申告が被害者によってなされなければ、立件は不可能である。実際には、輪姦形態による性犯罪が非親告罪化された後も、犯人は判明しているのに被害者が被害申告を拒んだため、立件出来ない輪姦事件も多かった。[32] したがって、一九五八年の強姦罪認知件数の増加は、輪姦形態による性犯罪の非親告罪化と直接の関連はないと見るべきである。

また、本部分改正は、性犯罪のとらえ方にさらなる議論を生むことにもなった。刑法が部分改正される一方で、法務大臣の諮問により刑法の全面改正に向けた作業も行われており、性犯罪被害者のプライバシーについても議論されていた。その中で、一九五八年の刑法の一部改正において輪姦形態の性犯罪が非親告罪化されたことをうけて、「最も被害者の名誉に関係するような輪姦の場合をすでに非親告罪としていることを考慮すれば、被害者の名誉の重視という意義もうすれてきている」[33] と、性犯罪全般を親告罪とすることについて、被害者のプライバシーに配慮する意義そのものに疑問を呈する意見が出されたのであった。公益のためには被害者のプライバシーは劣位に置かれるという価値観を輪姦形態の性犯罪事件の非親告罪化において条文化したことが、刑法議論における被害者のプライバシーの保護という概念自体に影響を及ぼしたといえよう。

（二）被害者防犯

一九六〇年代、警察の従来の防犯活動に「被害者防犯」という考え方が導入された[34]。犯罪を誘発する被害者の行動に着目しその法則性を発見するという被害者学の視点から[35]、被害者に由来する原因を取り除くことによって犯罪の発生を抑えようとするものである。警察官による防犯活動に加え、警察庁科学警察研究所でも被害者学の視点による犯罪の予防に関する研究が行われた[36]。

被害者防犯の中でも性犯罪の防止対策は特に重視され、一九七〇～一九八〇年代は、性犯罪防止のための活動が積極的に全国で行われた。女性の防犯意識の昂揚と被害防止を狙いとしたリーフレットやポスターが作成され、地方公共団体の広報紙や、テレビ、新聞、ラジオなどのメディアを通した広報活動が展開された。

女性の自衛意識を昂揚させるための啓発活動の指導方針は、「被害を受けた女性の側にも大なり、小なりの不注意が見受けられます[37]」「女性側にスキがあったために被害にあうというケースが目立っている[38]」「自衛意識欠如が被害に[39]」「被害者の女性側にも大きな責任がある[40]」「性的犯罪による被害は、本人の種々の配慮によって未然に防止できる要素が多分にある[41]」と、女性の責任を全面的に打ち出して、挑発的な服装や夜間の一人歩きを避けるように注意を促すというものであった[42]。啓発資料によれば、被害に遭いやすい女性のタイプがあり、それは、警視庁防犯部「性犯罪の被害事例から見た被害者像と防犯心得」によると「①意思が弱く態度のはっきりしない女性　②好奇心が強く、自信が過剰でものごとを自己本位に考える女性　③思慮があさはかで、軽

卒な女性　④生活行動の面にスキのある女性[43]」、埼玉県警「痴漢にご用心！」によると「態度がはっきりしない意志（ママ）の弱い女性▽みえっぱり、自信過剰、好奇心の強い女性▽思慮のない軽率な女性▽生活や行動にだらしない女性[44]」であるとされ、女性の性格や生活態度があげつらわれ、一定の被害者像が提示された。そして、こうした傾向を持つ女性に注意を促し、性格や日常の行動様式、人格にまで踏み込んだ指導を行っている。ここでは、被害者が置かれた状況や、加害者がいかに被害者を利用したか、あるいは、被害者を意思決定が不可能な状況においたかは問われずに、犯罪誘因責任が追及されている。しかし、女性に性犯罪を防止する責任があるという前提で行われたこうした防犯啓発活動が、実際に女性の自衛意識を高め、防犯に効果があったかは不明である。

　こうした啓発活動では、参考資料として、前年同時期の性犯罪統計が公表されることが多く、そこでは、被害者の挑発的な服装が被害を招いたとする分析結果が多く提示されている。

> 　これから夏に向かうに従つて、女性の服装は派手になり、痴漢の被害も目立つてふえる。（中略）昨年一年間に都内で婦女暴行や痴漢などの被害にあつた女性は全部で二千五百六人で、うち服装が派手すぎたとか、肌を露骨に出していて被害を受けたというものは五十八人二・三％もあつた[45]。

昨年一年間に都内だけで五百人の女性が婦女暴行の被害をうけている。また、その被害誘因をみると、「顔見知りのため安心して」というものが百七十六人で、全体の三五・二%をしめ最も多く、以下「甘いことばに誘われる」百二十九人（二五・八%）、「戸締りを忘れて」百十六人（二三・二%）、「夜道のひとり歩き」五十八人（一一・六%）、「派手な服装をして」十七人（三・四%）、「その他」四人（〇・八%）となっており[46]

これらは警察官による被害者の調査であって、少なからずのバイアスがかかっていると思われるが、それでも、挑発的な服装によって被害にあったと警察が判断したのは、それぞれ、一一・三%、三・四%であり、極めて低い数字である。一九七二年に行われた警視庁の性犯罪加害者一、二八六人を対象にしたアンケートでは、「服装・態度に刺激されて」と犯行動機を語ったものが六・九%であり、「前年に比べ一一・一%の増加率を示しているのが注目される」と調査結果がまとめられている[47]。このアンケートでは、被害者の服装と態度を一括りにしているため、服装のみに絞れば、それより低い数値になることが考えられる。これらの数値からは、女性の挑発的な服装によって性犯罪被害を招いたという結論はむしろ否定されるのだが、「一一・三%も」とあたかもその数値が大きいものであるかのように表現されている。そこにあるのは、統計事実から法則を導き出そうとする姿勢ではなく、統計を無視し、表現に欺罔を施してまで、女性の服装に被害要因があると結論付け、被害女性の責任を追及しようとする警察の姿勢である。

被害者防犯活動は、犯罪には被害者誘因が存在するとの前提から行われているため、犯罪分析は加害者分析ではなく、被害者分析が主となる。静岡県警がまとめた『性犯罪の実態』と題された性犯罪調査は、被害者についての調査分析が大部分を占め、性犯罪は被害者の問題であるかのようである。そして、「以上、昨年中の性犯罪についてその被害状況を多くの角度から検討したわけであるが（中略）いずれも被害者の不注意から被害にかかつているものである。性犯罪の多発時期をひかえ、これら諸点を考える時、より一層被害者防犯を活発に行うべきことを痛感するものである(48)」と結論づけられている。

性犯罪は暗数の多い犯罪である。しかし、防犯活動において、被害申告をさせやすいような対策をとるといった動きは全くなかった。むしろ、警察は防犯活動を通じて、性暴力被害者に対するスティグマを付与し、作られた被害者像を流布することで、そのスティグマを恐れる被害者に対して、被害申告をさせない風潮を作り出したといえよう。

一方、当時の性犯罪加害者の取調べはどのように行われていたのだろうか。捜査員向けの取調べ技術指南によれば、性犯罪は他の犯罪とは違い、加害者も供述する際に強い羞恥心を感じ、そのことが取調べの障壁となる。したがって、取調べにあたっては、捜査員は、加害者の心情に配慮し、「問題の行為または動機が特に異常でないということを示唆する」ことで、男性なら誰でももつ感情や意思であり加害者が特別ではないことを理解させ、羞恥心や当惑感を取り除く必要があるという(49)。性犯罪者として取調べを受けているにもかかわらず、問題の行為が特に異常ではないとはどういうことであろうか。性暴力は男性に共通した性欲によって起こるものであり、男性であれは誰しもが、被疑者と同様の行為を想像あるいは行動に移したことがあり、犯罪になってしまったことは運が悪かったとでもいうようである。そこには、性暴力を肯定、あるいは許容する姿勢が見られる。また、性犯罪加害者の取調べには、その被疑者の羞恥心を取りのぞくための「配慮」があり、被害者はその貞操観念や人格までが疑義の対象となることとは対照的である。

警察が被害者防犯をすすめる一方で、社会や法の性犯罪観は性暴力被害のリアリティとかけ離れていることが指摘されはじめる。民間団体である強姦救援センターが設立され、「強姦や性暴力の被害にあった女性のための電話相談と、併せて強姦を容認し助長するものへの告発活動、並びに強姦の問題を正しく理解するための社会啓発」を開始したのは一九八三年のことである。(50)

三　被害者保護の潮流

(一)　被害者保護政策

一九八五年、第七回犯罪の防止及び犯罪者の処遇に関する国連会議において「犯罪被害者に関する司法の基本原則宣言」が採択され、犯罪被害者保護・支援は国際的な潮流となった。日本においては、一九九一年に開催された犯罪被害給付制度発足一〇周年記念シンポジウムにおいて、フロアーから、犯罪被害者に対する支援の不備が指摘され、(51)それを受けた壇上の警察庁長官をはじめとしたシンポジストが犯罪被害者保護対策をとることを確約したことを機に、諸外国に比べて遅れていた日本の被害者保護政策が動き始めた。一九九五年の阪神・淡路大震災や地下鉄サリン事件で「心のケア」の重要性が叫ばれ、被害者支援についての認識が高まったことや、同年に起きた沖縄米兵による少女強姦事件により、米軍基地や日米地位協定の問題と共に、性暴力事件における報道や司法のあり方が問題となったことも、法や政策の整備を後押しした。一九九六年には、「被害者対策要綱」が策定され、警察の被害者対策が具体的に開始された。特に、性犯罪被害者対策として、女性警察官[52]による事情聴取や証拠保全活動の負担軽減のための鑑識機材の整備が行われる等、被害女性に配慮した捜査が行われるようになった[53]。

裁判過程における被害者保護のための法整備も進み、二〇〇〇年には「犯罪被害者保護法」(犯罪被害者等の保護を図るための刑事手続に付随する措置に関する法律)が制定された。また、刑事訴訟法の改正によって、強姦罪等の性犯罪の告訴期間の撤廃、被害者が法廷で証言する際の負担を軽減する措置としてビデオリンク式による証人尋問等が導入された。

警察は、犯罪発生後、最も早い段階で当事者と接触し、かつ最も濃密に関わり合う公的機関であり、被害者に対して強い影響力を持つ。この点からも、性犯罪被害者に対する事件捜査のあり方には多くの問題が指摘されており、特に、男性捜査員の態度は厳しく批判されていた。それ故、女性警察官による性犯罪被害者の事情聴取は、これまで被害当事者等によって求められてきたことであった[54]。そこには、「女性」警察官であれば、「女性」被害者の心情や状況を理解してくれるという期待があった。加えて、性犯罪捜査に女性警察官が参入することで、被害者の落ち度を問題にしたり、同意の有無を加害男性の視点からのみ判断して被害者の告訴を門前払いするような、男性中心主義的な司法や警察組織の価値観が変容することが望まれていた[55]。しかし、女性警察官が性犯罪捜査に参入しても、刑事司法の性暴力観は変わらなかった[56]。

性暴力事件は、実際の被害数と公的統計数値に開きがあり、いわゆる「暗数」が多いといわれる。ここで警察の考える「暗数」とは、「連続強姦被疑者の自供した犯行の裏付け捜査をしてみると、被疑者逮捕前に届出があった件数の数倍から十数倍の未届事案が明らかになったという事例も決してまれではない[57]」というように、犯罪に該当するにもかかわらず届け出られていないものを指している。一方、被害者や被害者支援にあたる人達は、暗数の原因は、性暴力被害者が社会によって付与されるスティグマを恐れて届出が出来ないことに加えて、捜査当局の受理基準にもよると指摘し[58]、単なる未届事件だけでなく、警察に赴いたにもかかわらず犯罪とみなされないため受理されないものをも暗数に含めている。警察の被害者対策は、暗数の掘り起こしが大きな目的の一つであるが、被害者達の求めるような、性犯罪の受理基準を緩和して立件対象の範囲を広げることを目指してはいない。事情聴取における被害者の負担を軽減するための女性捜査員の導入も、事情聴取が円滑に行われることで検挙数を向上させるという捜査目的で行われたのであって[59]、性犯罪捜査に女性の視点を導入して組織の性暴力観を変えるということは目指されていないのである。

加えて、女性警察官がその対応にあたりさえすれば、性犯罪捜査の問題は解消されるかのように解された[60]。したがって、加害者捜査についてはその方法や内容が問われることはなく、原則として被害女性の事情聴取を担当することのない男性警察官の性暴力観は疑問視されることはなかった[61]。性犯罪被害者対策が開始された一九九六年の警察官定員における女性割合は三％に過ぎず[62]、大多数の警察官、すなわち組織の性暴力観は旧態依然のままであった。そのことを象徴するのが、二〇〇二年に起きた、神奈川県警男性警察官によるセカンドレイプ事件である。強姦被害者のオーストラリア人女性ジェーン（仮名）が神奈川県警に被害申告をした際、彼女の事情聴取を行った三人の男性警察官は、適切な保護をしなかったばかりか長時間の捜査協力を強い、二次被害を与えたのである。ジェーンは、この捜査によって多大な苦痛を受けたとして、国家賠償請求を起こした（二〇〇七年東京地裁　棄却）[63]。神奈川県警は、性犯罪被害者との往復書簡『御直披』を著した性犯罪捜査員の板谷利加子を擁し[64]、性犯罪被害者の保護に積極的であると考えられていた。それにもかかわらず、三人もの男性警察官が捜査効率を優先して被害女性に配慮を欠く事情聴取を行ったのみならず、彼らの事情聴取に不備はなかったと警察が主張したことは、女性警察官による性犯罪被害者対策が実施されても、組織自体の性暴力観が変わっていないことを示しているといえよう。

こうした問題は、性犯罪被害者対策が、ジェンダーの視点からではなく、「被害者保護」の文脈で行われたことによるところが大きい。刑事司法上、それまで証人という、事件の立証に必要な人的証拠としてしかみなされなかった被害者が、保護すべき対象として「発見」された[65]。このことにより、被害者の心情に配慮した捜査や性犯罪捜査に従事する女性警察官の育成が行われたが、それは警察自体の性暴力観の見直しではなく、従来の捜査の欠陥を補完するものでしかなかったのである。

さらに警察組織の構造にも問題がある。警察は、堅牢な方針や価値観を持つ組織であり、外部からの批判を受け入れることを良しとせず、構成員に自省の機会を与えない。警察の被害者対策は、被害者の声はもとより、被害者保護の国際潮流やフェミニストらの要請により開始されたものである。それにもかかわらず、犯罪被害者対策の立役者である安田貴彦は、警察教養誌に「日本警察の誇るべき成果」と題した文章を寄せ、全国の警察官に向けて自組織の先見性を謳う。

日本警察の被害者対策は、被害者やマスコミからの批判などの「外圧」があって始まったのではなく、國松警察庁長官（当時）を始めとする警察庁最高幹部の、被害者をめぐる国際的な動向や警察の存在意義に対する深い洞察と先見性があり、それに対して各都道府県警察の最高幹部も被害者対策の持つ意義を理解し的確に応えた結果、確立されたものである。(66)

ここに、組織に対する批判を許さず、事実を隠蔽する事で、組織を纏め、構成員を鼓舞しようとする組織の論理を見ることが出来る。

また、警察組織は、上意下達の強固なヒエラルキー構造をとっており、構成員は組織の方針に基づいて業務を遂行する義務がある。(67) 中でも、女性警察官はそのジェンダーゆえに下位に置かれており、(68) 彼女らの経験や意見は組織にとって重要なものとはみなされにくい。女性警察官が親身になり女性被害者の声を拾おうとも、そのことが、組織全体の性暴力観を変えることにつながりにくいのである。

(二) 性犯罪の厳罰化

二〇〇三年六月に、有名大学の学生を中心としたサークルによる集団強姦事件が大きく報道され、暴力的な性犯罪に対する厳罰化が叫ばれるようになった。かねてより、性犯罪、特に強姦罪の法定刑が低いことは国会の議論でもたびたび取り上げられており、性犯罪の厳罰化は懸案事項であった。それらを背景に、同年九月に、与党内に与党政策責任者会議「女性と刑法」プロジェクトチームが発足し、強姦罪の法定刑の引き上げと集団強姦罪の新設を提唱するという議員立法の動きが起こる。二〇〇四年二月、法務大臣から法制審議会に対して、凶悪・重大犯罪に対処するための刑事法の整備に関する諮問第六九号が行われた。この諮問は、法制審議会刑事法(凶悪・重大犯罪関係)部会に付託され、同部会による審議の後、「刑法等の一部を改正する法律案」として第一六一回臨時国会に提出され可決された。この改正によって、刑法に規定する強姦罪及び強制わいせつ罪の法定刑が引き上げられ、集団強姦等罪が新設された。(69)

この改正は、これまでの性犯罪の規定の問題点を議論し尽くした上でのものではなく、現行法を前提として早急に改正が必要とされる部分のみの「とりあえず手直しを考えるという小規模の修正作業」であった[70]。法制審議会の議論では、強姦罪と強制わいせつ罪の線引きに関して問題提起があったが、以後の刑法全面改正時の課題とされ、今回の課題から外された。この問題は、法務委員会でも取り上げられており、法務大臣は、客体が女性に限定される根拠として女性の妊娠可能性を挙げ、強姦罪と強制わいせつ罪の区別には意義があると述べている[71]。

今回の改正議論において特筆すべきは、性暴力の悪質性が被害者の視点から語られている点であり、被害性からみた刑法の見直しが提案されている[72]。また、かつては社会法益や貞操と考えられた強姦罪の保護法益が、性的自由であるとする考えが共有されているばかりか、性的自由を保護法益とする考えからは被害者の痛みを拾っていないとして「人格を否定するような非常に重大な犯罪」「精神的な殺人」「心の殺人」と重い認識が示されており、強姦被害の現実認識に法の議論が接近したことを示している。

近年、性犯罪事件に対する裁判所の第一審の量刑判断が厳罰化の傾向にある[73]。このことは、刑事司法の性犯罪に対する認識の変化を示しており、この改正の強姦罪の法定刑引き上げの根拠として用いられている。ただし、今回の改正の目的は、裁判所の量刑判断に即して自動的に法定刑を引き上げようというのではなく、法定刑という明文化された指標によって性犯罪の悪質性を国民に知らしめるとともに、刑法によって不当に低く評価されてきた女性の人権を高めることにあった。

しかし、強姦罪の法定刑の引き上げは、全面的に賛成されたわけではなく、引き上げに消極的な意見もあった。一つは、強盗罪と比較して強姦罪の法定刑が低い状況を、強姦罪の法定刑を引き上げるのではなく強盗罪の法定刑を引き下げる事で、強姦罪と強盗罪の保護法益の均衡が取れるとする主張である。これについては、強盗罪の法定刑を引き下げる事が犯罪防止の立場から好ましくないこと、強姦罪の保護法益が軽視されているという主張は、強盗罪との相対的な視点からのみではなく、女性の人権に関わる絶対的な価値として重要視されるべきとの立場から来ているのであって、強盗罪の法定刑を引き下げることで相対的に強姦罪の保護法益の価値を高めることでは、女性の人権の軽視という絶対的な問題は解決されないと主張された。次に、強姦行為には「具体的な身体・精神に加えられる殺人に類するような行為というものが一つの典型例として議論されているわけですが、具体的な事案の中にはそうでないという場合もあり得る」[74]として、強姦罪の法定刑の引き上げに疑問を呈する意見である。この主張に対しては、被害者の責任を前提にする強姦罪の見方は「かつての日本社会における迷信のようなもの」だとして、近年は強姦罪に対する見方は変わってきているという反論がなされた[75]。

四 性犯罪者の再犯防止政策

(一) 加害者処遇

二〇〇四年に起こった性犯罪前歴者による女児殺害事件を契機に、日本でも性犯罪者、特に年少者を狙う性犯罪者の再犯防止対策を要請する声が高まった。当時、受刑者の出所情報は法務省が管理しており、取締りにあたる警察はその情報を把握しておらず、再犯防止に対する関係機関の連携にも問題があった。二〇〇五年、警察は一三歳未満の年少者を狙った性犯罪者の再犯防止のため、年少者対象強姦被疑者の追跡調査を始めた。また、関係省庁との検討の結果、年少者を対象とした性犯罪者の出所時に警察は法務省から通報を受け、それをもとに適宜居住確認を行うことになった(76)。この通報制度は、本人や社会に対する性犯罪防止対策ではなく、警察のパトロールや、再犯事件発生後の捜査に利用するために採られた措置であり、諸外国で採用されているような、本人による届出の義務や情報開示が行われるものではない(77)。

警察の情報把握の問題とともに、矯正施設における性犯罪者の再犯防止プログラムのあり方にも疑問の声があがった。これまでは、「極めて限られた施設を除いて性犯罪者は医療も処遇も素通り(78)」であった。従来の、刑事政策としての性犯罪加害者対策は、「彼らを塀の中に閉じ込め、とりあえずこれ以上被害者が出ることを防ぎ、加齢によって性犯罪者の性的欲求と攻撃性とが減退するのを待つという手段がとられてきた。というかそれしか方法がなかった(79)」のである。職員自らが性という領域を触れたくないものと考えており、矯正施設で性を扱う事への抵抗が大きいということも、性犯罪加害者対策が講じられてこなかった理由の一つであった(80)。矯正施設の職員にとって、性犯罪加害者に向き合うことは、自分のセクシュアリティに向き合うことでもある。医療刑務所で矯正治療に当たる林幸司らは、性犯罪は「治療者」にとって「できれば避けて通りたい、居心地の良くない話題」[81]であると告白している。

川越少年刑務所や奈良少年刑務所等、いくつかの矯正施設では、性犯罪者に対して再犯防止指導・教育を行ってきたが、統一されたプログラムや理論に基づくものではなく、職員の独自性に任されたものであった。受刑者の受講も任意であった為、指導が必要だと判断される者であっても、プログラムの受講を強制することは出来ず、効果的に運用されていたとは言いがたい状態であった。

性犯罪者の再犯防止対策の必要性に迫られた法務省矯正局と保護局は[82]、効果的な性犯罪者処遇の実施に向けた再犯防止プログラムの策定のため、二〇〇五年四月に精神医学や心理学、犯罪学の専門家による「性犯罪者処遇プログラム研究会」を立ち上げ、約一年という短期間で性犯罪者処遇プログラムの実施体制を整えた。このプログラムは、「性犯罪者の再犯を抑止し、子どもや女性を被害から守り、社会の安全性を高めること」[83]を目的に、海外で実施されているプログラムを参考に、認知・行動療法を活用してマニュアル化したもので、実施中に発生した問題や効果の検証を反映させて改良が重ねられることになっている。諸外国で導入されている薬物療法については、副作用のおそれがあること、倫理的問題があること、その効果についての評価が定まっていないこと、高価であること等から、導入は見送られた。このプログラムは、二〇〇六年度から、推進基幹施設の奈良、川越両少年刑務所を皮切りに、全国の矯正施設で段階的に実施されている。しかし、新聞報道によれば、開始から一年を待たずして既に参加者のモチベーションの低さが問題として浮上した[84]。受講モチベーションが低い一番の理由は、性犯罪者であることを他の受刑者に知られてしまう事へのおそれである。性犯罪者は各施設に分散して収容されており、他の罪で受刑している受刑者たちと共に、受刑生活を送っている。矯正施設は、他の受刑者に知られないように「配慮」することでモチベーションを高めようとしているが、対応に苦慮しているという。

(二) 前歴者の監視

二〇一一年一月、宮城県知事が県内在住の性犯罪前歴者を監視するため、対象者に全地球測位システム(GPS)の携帯を義務づける条例の検討を始めた[85]。地域の安全や被害者の安心のために歓迎する声と、二重処罰になるおそれや県外者には対応できないという条例の限界、再犯防止効果そのものへの疑問、出所者の人権侵害や社会復帰を困難にする等の反対意見が、各種メディア上で交わされている[86]。同年九月には、大阪府でも性犯罪前歴者の再犯防止のため、出所者に対して居住地や連絡先などの届け出を求める条例の制定を検討していることが報道された[87]。

こうした条例レベルでの再犯防止のための前歴者対策は、性犯罪は再犯率が高く、「治療」が困難との認識に基づいている。警察庁が行った調査によると、一九八二年から一九九七年までに検挙された年少者対象強姦被疑者の性犯罪再犯率は二〇・四%であった[88]。凶悪犯としては高い再犯率であり、極めて弱い立場のものに対する犯罪であることや、被害者や周囲の人に与える影響の大きさから、決して見逃せない数値である。

一方で、性犯罪者の再犯率は薬物犯罪者や窃盗犯などに比べて格段に低く、性犯罪者の再犯率は高くないという主張もある。[89] 一九九九年から二〇〇八年までの一〇年間で、強姦罪で検挙された成人（この中には、年少者対象強姦被疑者も含まれている）は九、九五九人で、その内、同じ強姦罪の前科を有する者は九・六%であった。[90] 年少者を対象にする強姦加害者の再犯率は高いが、他の性犯罪者の再犯率は高いとは言い難い。性犯罪の範囲を強姦・強盗強姦・強制わいせつ・わいせつ目的の略取誘拐に広げた調査では、それらの加害者のうち、一三歳未満の年少者を狙った者は一三%程度であり[91]、性犯罪を代表するほどの割合を占めてはいない。これまでに公表されている性犯罪者の再犯率は、矯正施設での再犯防止プログラムが実施される以前のもので、現在行われているプログラムの効果も考えねばならない。

性犯罪は再犯率が高いという一般の認識は、あどけない子供を狙う凶悪な常習性犯罪者を性犯罪の典型としてイメージしているところからきており、そうした性犯罪者の存在を念頭に、監視対策が議論される。加害者やその更生の可能性について知る術がない以上、無垢な子どもや女性を狙う凶悪な性犯罪者[92]といったイメージが先行すれば、自分のコミュニティーに性犯罪者がいるかもしれないことへの不安から[93]、加害者を厳しく監視すべきであるという風潮が強くなっていく。

性犯罪前歴者の監視に向けて議論される中でも、旧来の性暴力観による無罪判決が出され[94]、被害者の非を問う意見が上がる等[95]、被害者の責任を追及する刑事司法の傾向は未だ根強い。インターネットによって犯罪報道は瞬く間に伝わり、耳目を集める事件では、ブログや掲示板で被害者に対する批判を目にすることも多い[96]。性犯罪に対する非難や加害者対策の要請と、被害者の責任追及が同時に起こっているのである。そこでは、性犯罪が無垢な被害者と凶悪な性犯罪者というイメージで語られ、性暴力が矮小化され、その限られた性犯罪のみが保護や対策議論の対象となり、それ以外の加害者や被害者は――まさにシンプル・レイプに該当するような――は放置されている。

註

(1) 刑法第三一一条の宥恕規定には、夫が妻の姦通現場で妻やその相手の男性を殺傷した場合には罪が宥恕されることが定められている。宥恕されるのは「本夫」のみで、夫の姦通を知った妻が夫やその相手の女性を殺傷しても罪は宥恕されない。この、宥恕規定における夫と妻の扱いの差違は、当時の日本の社会状況を考慮して、司法省の法律顧問であったフランス人法学者のボアソナードが提案したものであった。(霞信彦『明治初期刑事法の基礎的研究』一九九〇年　慶応義塾大学法学研究会　一一頁)「堕胎罪」や「祖父母父母ニ対スル罪」でも、当時の日本の状況に合わせて法案が作成された経緯がある。(藤目ゆき『性の歴史学――公娼制度・堕胎罪体制から売春防止法・優生保護法体制へ』一九九七年　不二出版　一二〇頁、矢野祐子「旧刑法における「祖父母父母ニ対スル罪」の成立」杉山晴康編『裁判と法の歴史的展開』一九九二年　敬文堂)

(2)『法令全書』明治一三年版　一五〇頁

(3) 旧刑法の性犯罪規定の成立過程については、高島智世「近代日本における性犯罪規定の成立とその構成――旧刑法編纂過程における議論の歴史社会学的分析」『金城大学紀要』二〇〇二年　二号を参照。

(4) 早稲田大学鶴田文書研究会編『日本刑法草案会議筆記　第三分冊』一九七七年　早稲田大学出版部

二〇二八頁

（5）第三百七十八条　人ヲ脅迫シ又ハ暴行ヲ加ヘテ財物ヲ強取シタル者ハ強盗ノ罪ト為シ軽懲役ニ処ス（『法令全書』　明治一三年版　一五四頁）

（6）「日本従前ノ刑法ニテハ強姦及有夫姦幼者ニ対スル姦罪ノ明文而已ニテ其外ニ暴行不暴行ノ猥褻ノ所行ト云フ罪ナシ」（早稲田大学鶴田文書研究会編『日本刑法草案会議筆記　第三分冊』一九七七年　早稲田大学出版部　二〇二九頁）

（7）『法令全書』明治一三年版　一五〇頁

（8）早稲田大学鶴田文書研究会編『日本刑法草案会議筆記　第三分冊』一九七七年　早稲田大学出版部　二〇二八―二〇二九頁

（9）早稲田大学鶴田文書研究会編『日本刑法草案会議筆記　第三分冊』一九七七年　早稲田大学出版部　二〇三〇頁

（10）早稲田大学鶴田文書研究会編『日本刑法草案会議筆記　第三分冊』一九七七年　早稲田大学出版部　二〇三六頁

（11）「例ハ処女抔ニ至テハ一旦強姦セラレタル世評ヲ受クル時ハ夫カ為メ竟ニ他ヘ嫁スヘキ妨害ト為ル事アルモ知ル可カラサレハナリ」（早稲田大学鶴田文書研究会編『日本刑法草案会議筆記　第三分冊』一九七七年　早稲田大学出版部　二〇五三頁）以下の学説は、強姦罪が親告罪とされる理由に、被害事実の公表が婚姻の障害になることをあげている。宮城浩蔵講述『刑法講義　第二巻』一八八五年　明治法律学校　五八二頁、磯部四郎『改正増補　刑法〔明治一三年〕講義　下巻　第二分冊』（杉村章三郎他監修　芦部信喜他編集『日本立法資料全集　別巻一四二』一九九九年　信山社　一〇〇六頁）

（12）高島智世「強姦罪はなぜ親告罪なのか？――刑法言説における「被害者の利益」が意味するもの」『女性学』

二〇〇九年　一六号　七一頁
(13)『法令全書』明治四〇年版　九八頁
(14) 成瀬幸典「『性的自由に対する罪』に関する基礎的考察」辻村みよ子監修、齊藤豊治・青井秀夫編『ジェンダー法・政策研究叢書　第五巻　セクシュアリティと法』二〇〇六年　東北大学出版会　二五八頁
(15)『法令全書』明治四〇年版　一〇五―一〇六頁
(16) 繁田実造「改正刑法草案と改正刑法仮案との連続性」『法律時報』一九七五年　四七巻五号　二二頁、小野清一郎「刑法の制定とその変遷」『法曹百年史』一九六九年　法曹公論社　三六頁、中山研一「改正刑法仮案の歴史的考察――改正刑法準備草案の本質規定の前提として」『法律時報　七月号臨時増刊』一九六〇年三二巻八号　二九〇頁
(17)『法令全書』昭和一六年版　二一八頁、本法の立法議論については、白石玲子「日本近代刑事法におけるジェンダー」三成美保編『ジェンダーの比較法史学――近代法秩序の再検討』二〇〇六年　大阪大学出版会を参照。
(18)『法令全書　昭和一七年版』一一四―一一八頁
(19) 秋田県警察史編纂委員会編『秋田県警察史　下巻』一九七一年　秋田県警察本部　三二一頁
(20) 刑法第百八十三条　有夫ノ婦姦通シタルトキハ二年以下ノ懲役ニ処ス其相姦シタル者亦同シ
前項ノ罪ハ本夫ノ告訴ヲ待テ之ヲ論ス但本夫姦通ヲ従容シタルトキハ告訴ノ効ナシ（『法令全書』明治四〇年版　九九頁）
(21)『犯罪白書』平成元年版　大蔵省印刷局　三〇〇―三〇一頁
(22)『第二十八回国会衆議院法務委員会議録第十九号』一九五八年四月一日　七頁
(23)『第二十八回国会衆議院法務委員会議録第二十三号』一九五八年四月八日　一頁

彼の発言の根底には、男性には処理すべき強い性欲があり、強姦はその吐け口を求めた短絡的な行為であるとの認識がある。

売春防止法の立法議論においても、「性欲」「情欲」「本能」「必然欲」といった語で男性の買春行為が正当化され、「売淫制度のごときはなきにまさつたことはないけれども、今のような矛盾の多い社会ではどうにもしようがない。こいつをある程度許しておきませんと、強姦はふえるし、その他の犯罪が起るし、どうにもならない」(『第十三回国会衆議院法務委員会議録第二十七号』一九五二年三月二八日 二頁 田中堯平の発言)と、売春制度の廃止によって強姦が増加することが当然のこととして語られていた。

(24)「強姦あるいは強制わいせつ罪を非親告罪とする点についてでありますが、今おっしゃったようなことは、私が申し上げたことの反面の御観察であって、非常に傾聴に値すべきものであると思うのであります。が、被害者は苦しむけれども、被害者以外になおたくさんな被害を及ぼすおそれがある、こういうものについては非親告罪にした方が取り締りやすいのである、こういう御意見でありますが、ごもっともであります。その点は十分に私も考えるのでありますが、しかし、被害者の立場もそれと相並んで考えていただかねばならぬのではないかと思うのであります。この被害者は、輪姦された、あるいは強制わいせつ罪の被害者になったということが一度新聞にでも出ますと、これは一生を棒に振るような災難を受けることにも相なるのです。これは、自分の身内の娘や妹がそういう目にあったとした場合にいかように考えるか、われわれはどういう処置をとったらいいのか、これはやはり、告訴して犯人を罰するということは、なるほどそれは勇敢なほめるべき行為ではありますけれども、そういうことを果して自分の身内の者にさせる勇気があるかどうか、これは、そういうことになりますと、その被害者は被害の上にさらに重大な被害をこうむることになって、それがために自分の一生を誤まるということも考えられることである。でありますから、これはどちらが全体として国のために利益かということの御判断を願って立法していただくほかにないと考えます」(日本弁護

士連合会会長・島田武夫参考人の発言　『第二十八回国会衆議院法務委員会議録　第二十三号』一九五八年四月八日　七頁）

（25）刑法の一部を改正する法律

第百八十条に次の一項を加える

二人以上現場ニ於テ共同シテ犯シタル前四条ノ罪ニ付テハ前項ノ例ヲ用ヒズ（『法令全書』昭和三三年四月号　一七九―一八〇頁）

（26）警察庁刑事局『犯罪統計書　昭和三三年』一九五九年　三八頁

（27）瀬地山角「性暴力へのアプローチ」『ＵＰ』一九九八年　二七巻一〇号　九頁、斎藤静敬『刑事政策』二〇〇三年　創成社　一九一頁　等

（28）「わが国でも、昭和三三年に、集団によるものや、強姦致傷罪を非親告罪にしたところ、強姦罪の発生件数が飛躍的にふえたのをみても、強姦罪を非親告罪にして、顕在化をはかり、性暴力の抑止をはかるのが、妥当な策と思われる」（岩井宜子「刑事法とジェンダー」辻村みよ子監修、辻村みよ子・山元一編『ジェンダー法・政策研究叢書　第三巻　ジェンダー法学・政治学の可能性――東北大学ＣＯＥ国際シンポジウム・日本学術会議シンポジウム』二〇〇五年　東北大学出版会　二四〇頁）

但し、ここで言及されている強姦致傷罪については、一九〇七年（明治四〇年）の現行刑法制定時に既に非親告罪であった。一九五八年に非親告罪化されたのは輪姦形態による強姦罪・強制わいせつ罪のみであり、岩井の見解には誤りがある。

（29）「少年保護事件において審判に付せらるべき少年は少年法第三条所定の少年即ち罪を犯した少年その他同条第一項第二号又は第三号に該当する少年であつて、かかる少年に対し、その性格の矯正及び環境の調整に関し適切な保護処分を加えて右少年の健全な育成を期することが同法の目的とするところであり、かかる少

年の犯した犯罪が本件のように親告罪であり、その告訴がなく又は告訴が取り消された場合であつても、検察官が捜査の結果犯罪の嫌疑があると考えるときは、検察官は同法第四十四条（ママ）により、これを家庭裁判所に送致すべく、裁判所はこれに対し同法の定むる所に従い、調査審判をなし、適当と認める保護処分をなすべきものであることは家庭裁判所の機能並びに保護処分の性質に鑑み疑を容れないところである」（太字：原文）（東京高等裁判所一九五四年六月三〇日決定）『東京高等裁判所判決時報』五巻八号　刑三一四―三一六頁

(30)「少年については告訴がなくとも犯罪少年（又は虞犯少年）として送致し、保護処分の対象とすることが出来るのであるから端緒を掴んだときは時機を失することなく必要な捜査又は調査を行って、その真相を明かに（引用者注：しなければならない）」（県本部防犯課「青少年をめぐる性的犯罪の傾向とその防止対策について」静岡県警察本部警務部教養課『芙蓉』一九五六年　一一巻二号　三七頁）

(31)警察庁刑事局『犯罪統計書　昭和三三年』一九五九年　一六八―一六九頁、同『昭和三九年の犯罪』一九六五年　七二頁

(32)成智英雄『性犯罪――歪められた社会の断層』一九六六年　潮文社　一七九頁

(33)法制審議会刑事法特別部会　第五小委員会　第七六回　一九六七年五月三一日（法務省『法制審議会刑事法特別部会　第五小委員会議事要録（四）』一九六七年　三六七頁）

(34)「犯罪原因に対応して考えられてきた従来の防犯活動に、近年新たな転機をもたらそうとしているのは**被害者防犯**の考え方である。そもそも犯罪は、犯罪者の犯罪的性格が社会行動としてあらわれたものであるが、犯罪の要因は、単に犯罪者の側にのみ求められるべきものではなく、犯罪という行為の向けられた被害者の側においても、犯罪行為を発現せしめる各種の要因が存在するのであり、それらの要因が相互に関連し合うことにより、具体的な犯罪行為が出現するものであるということができる。（中略）被害者を中心とする犯罪原因については、今後開拓すべき多くの分野があるのであるが、少なくとも被害者の行動が犯罪を誘発して

いる事実は否定し得ないところであり、これを統計的に分類整理することによつて、いかなる被害者的行動が、いかなる環境的要因のもとに、いかなる犯罪を誘発するかということが大数的に把握し得るのであつて、これによつて現実の防犯活動の面における被害者防犯に体系的な方法論を確立し得る筈である。現在このような観点に立つて行われている防犯活動には、婦女子の性的被害の防止や通り魔等の予防のために行つている夜間の独り歩きに対する警告、挑発的な服装に対する警告、危険に際会したときの応急措置についての啓蒙、呼子や警報器の貸与等の活動があり、また家出人その他の要保護少年の保護などの活動もこのような目的を達するためのものにほかならない」（太字：原文）（乗本正名「防犯警察に対する一考察――防犯活動の今後の課題」『警察公論』一九六一年　一六巻二号　五五―五七頁）

(35) その当時の被害者学が、被害当事者の実情とかけ離れていたものであったことは、後の立法議論の中でも指摘されている。

「そういう強姦罪の被害者の特殊性というのは、近年装いを改めて、被害者学の初期の状況では被害者の責任ということがかなり論じられた時代がありますけれども、レイプはその一つの典型的な例として挙がっておりました。しかし、そういう見方が今はもうすっかり変わってきたのではないかと思われます」（『法制審議会刑事法（凶悪・重大犯罪関係）部会　第二回会議　議事録』二〇〇四年五月一七日　一六頁）

(36) 科学警察研究所は、被害者学の重要な研究機関でもあった。日本における被害者学研究の代表的な論者である宮澤浩一は、「わが国の被害者学研究の現状と将来」（宮澤浩一編『犯罪と被害者　第二巻――日本の被害者学二』一九七二年　成文堂）の中で、科学警察研究所を「被害者学の研究業績の点でも終始変らず、貴重な成果を発表している」と紹介し、その業績を「直ちに役立つことは一応措いて、明日、明後日、いや数年先の刑事政策を考えさせるための基礎的資料の蒐集というこの研究所の地道な努力は、いくら評価しても足りないくらいであり、そこでの被害者学のための基礎研究は、今や、世界的な注目を集めはじめたといっても過言ではない」と評価している。

(37)『日刊警察』一九八四年七月二一日　二面

(38)『日刊警察』一九七一年七月一五日　二面

(39)『日刊警察』一九八二年八月四日　三面

(40)『日刊警察』一九七一年六月一九日　二面

(41)警視庁防犯部『性的犯罪被害に関する防犯意識』一九七八年　三四頁

(42)『日刊警察』に掲載された、被害者の自衛意識高揚目的で行われた性犯罪防止活動を報じる記事から、見出しや内容を一部抜粋する。

「お嬢さんご用心！」「性犯罪防止に防犯ポスター　警視庁」（一九七八年七月一五日　三面）

「性犯罪の防止を重点に二一日から夏の防犯運動を実施　北海道」「夏の開放的な生活環境に起因して発生する婦女暴行、痴漢等の性犯罪を防止し、この種事犯に対する被害防止意識の高揚を図ろうというもの」（一九八〇年七月一六日　三面）

「夏は〝性犯罪〟も多発期」「〝被害防止六則〟を呼びかけ　警視庁」「被害者側にも自衛意識の自覚が望まれる」（一九八五年六月二二日　三面）

「性犯罪と非行の防止へ」啓発ポスターは、「真夏のむし暑い夜、若い女性が連日の酷暑に疲れ、戸締まりを忘れて下着のまま眠ってしまったところを、犯人が獲物を狙って侵入して来る」ところを図柄したもの（一九八七年七月一〇日　七面）

(43)『日刊警察』一九七一年六月一八日　二面

(44)埼玉県警では、一九八〇年の夏の防犯活動用に、「痴漢にご用心！」と題した啓発パンフレットを五万枚作成・配布した。（『日刊警察』一九八〇年八月一一日　三面）

(45)『日刊警察』一九六一年六月三日　三面
(46)『日刊警察』一九七一年六月一八日　二面
(47)『日刊警察』一九七二年六月二一日　二面
(48)静岡県警察本部刑事部刑事総務課編『性犯罪の実態――昭和五二年の犯罪から』一九七八年　四九頁
(49)今村義正「取調べとその技術（七）」『捜査研究』一九六七年　一六巻六号　八四頁
(50)強姦救援センターHPより。http://www.tokyo-rcc.org/center-hp1.htm（二〇一二年一〇月七日アクセス）強姦救援センターは、被害者は悪くない（被害者に責任はない）ことを一貫して主張し、伝え続けている。
(51)発言者は犯罪被害者遺族の大久保恵美子である。シンポジウムのテーマが「犯罪に引き裂かれた人生・生活と心の傷に救いの手」であったため、大久保は、出席者は犯罪被害者の置かれている境遇を理解していると思っていた。しかし、あるシンポジストが「日本の被害者からは困っているという声が聞こえないが日本の被害者も支援を望んでいるのだろうか？　誰も何も言わないが」と言ったことで、犯罪被害者や遺族の置かれている状況が理解されていないことを知り、当事者の声を伝えなければいけないと思ったという。（大久保恵美子『犯罪被害者支援の軌跡――「犯罪被害者心のケア」』二〇〇一年　少年写真新聞社　一六―一七頁）
(52)一九九九年に警視庁が「婦人警察官」から「女性警察官」に呼称を変更したことに倣い、全国的に「女性警察官」の呼称が用いられるようになった。
(53)具体的対策を列挙する。各警察本部捜査第一課に性犯罪捜査係を設置、女性警察官による事情聴取の拡大、身体からの採証活動の負担軽減のための性犯罪捜査証拠採取セットの整備、「性犯罪一一〇番」の開設、性犯罪捜査マニュアルの作成、広報啓発の推進（安田貴彦「警察における被害者対策の意義と今後の課題」「警察行政の新たなる展開」編集委員会編『警察行政の新たなる展開　上巻』二〇〇一年　東京法令出版）
　ただし、現在もそれらが適切に運用されているとは限らない。

（54）板谷利加子『御直披――レイプ被害者が闘った、勇気の記録』二〇〇〇年　角川文庫、手塚千砂子『警察官の性暴力』一九九〇年　三一書房

（55）アメリカ・ニューヨーク市とフィラデルフィア市では、性犯罪の「捜査チームに女性を加えたところ、告訴のメリットがないと判断された事件の比率が大幅に低下」したという。（エストリッチ、スーザン、中岡典子訳『リアル・レイプ』一九九〇年　JICC出版局　三五―三六頁）

（56）原美奈子は、被害者支援の立場から、女性警察官は外部に対する啓発活動、すなわち、泣き寝入りする被害者に届出るよう促すことよりも、まず部内の性暴力や性暴力被害者に対する認識の改善に努めるべきだと主張している。（角田由紀子・原美奈子「性暴力と法」『現代思想』一九九七年　二五巻一三号　二一六頁）

（57）安田貴彦「警察における性犯罪被害者対策」宮澤浩一・國松孝次監修『講座被害者支援　第二巻　犯罪被害者対策の現状』二〇〇〇年　東京法令出版　八六頁

（58）宮園久栄は、公的な犯罪統計と強姦救援センターのまとめでは、加害者との関係（加害者が見知らぬ男性か顔見知りの男性か）や被害にあった場所に明らかな違いがあることに注目し、被害の実態と警察の被害申告受理基準に大きな差があることを指摘する。受理基準から外れるものについては「被害者は告訴しても有罪とならないと説得され、あるいは被害者は告訴する過程で、侮辱され非難され、そうした中で被害者は告訴をしない（できない）という選択をせざるを得ない状況に追い込まれることになる」のである。（宮園久栄「なぜ強姦被害者は告訴しないのか」第二東京弁護士会司法改革推進二弁本部ジェンダー部会　司法におけるジェンダー問題諮問会議編『事例で学ぶ　司法におけるジェンダー・バイアス』二〇〇三年　明石書店　二五七―二五九頁）

角田由紀子や原美奈子も、被害者の支援にあたった経験から、警察で被害申告が受理されないケースが多いことを指摘している。（角田由紀子「性暴力犯罪被害者の抱える問題――弁護実務の観点から」『刑法雑誌』

二〇〇一年　四〇巻二号、角田由紀子・原美奈子「性暴力と法」『現代思想』一九九七年　二五巻一三号二一五頁）

（59）性犯罪被害者対策の第一の目的は、事件の潜在化及び加害者の累犯防止という、犯罪検挙にある。「従来から我が国警察は、性犯罪の検挙取締りを重要視してきた。例えば、平成元年に警察庁刑事局が、国民がより強く不安を感じ刑事警察が捜査の重点を指向すべき犯罪として「重要犯罪・重要窃盗」の概念を導入した際にも、殺人、強盗、放火、略取誘拐と並んで、強姦及び強制わいせつを重要犯罪の罪種に指定するなど、その検挙の向上が強調されてきたところである。ところが、性犯罪の被害者は、被害に遭ったこと自体により著しい身体的、精神的打撃を受けている上に、羞恥心等性犯罪被害者特有の心理状態や被害者を取り巻く状況の制約等により、警察への被害申告をためらう傾向が強いため、被害が潜在化しがちで、警察が犯罪の実態を把握しそれを踏まえた諸対策を講じることが容易でない側面がある」（安田貴彦「警察における性犯罪被害者対策」宮澤浩一・國松孝次監修『講座被害者支援　第二巻　犯罪被害者対策の現状』二〇〇〇年　東京法令出版　八七頁）

（60）被害者対策要綱に基づく具体的施策の一つに、性犯罪捜査マニュアルの作成があった。このマニュアルには、性犯罪被害者の心理や配慮すべき事項、捜査経験のない者に向けた捜査書類記載要領等が詳細に解説されているが、その対象は女性警察官である。警察庁・性犯罪捜査研究会編著『性犯罪被害者対応ハンドブック［改訂版］――性犯罪被害の発生・届出―そのときのために』二〇〇一年　立花書房

（61）『御直披』出版後、著者の板谷利加子のもとには、男性性暴力被害者から、被害者が「女性ばかりでないということにも気付いて目を向けてほしい」と訴える手紙がきたという。こうした男性被害者の保護のためにも、男性捜査員の性暴力観は変わらなければならない。（「〈性犯罪捜査の現場から〉常に相手の立場に立った対応を――神奈川県警察本部捜査第一課板谷利加子係長に聞く」『警察公論』一九九八年　五三巻八号

六三頁）

（62）『警察白書（平成八年版）』一九九六年　警察庁　三三五―三三八頁

（63）ジェーン『自由の扉――今日から思いっきり生きていこう』二〇〇九年　御茶の水書房

（64）板谷利加子は、性犯罪一一〇番の存在を『御直披』の出版によって知らしめたとして、雑誌『日経ウーマン』のウーマン・オブ・ザ・イヤー二〇〇一年リーダー部門第六位に選ばれている。（日経ウーマン編『ウーマン・オブ・ザ・イヤー――しびれるほど仕事を楽しむ女たち』二〇〇五年　日本経済新聞社　二一九頁）

（65）後藤弘子「ジェンダーと刑事法との邂逅――刑事法の再構築の可能性」『現代刑事法』二〇〇三年　五巻三号

（66）安田貴彦「日本警察の誇るべき成果」『警察時報』二〇〇三年　五八巻三号　六―七頁

参考：平成八年二月一日　被害者対策要綱の制定について（依命通達）

犯罪の被害者は、その直接的な被害だけではなく、その結果として生ずる精神的被害、経済的被害等多くの被害を受けている。中でも、精神的被害の問題は、極めて深刻であり、犯罪により著しいストレス障害を抱え、精神的な援助を必要としている被害者が多数認められるところである。こうした現状に加え、警察の活動が精神的被害等の第二次的被害を被害者に与えているとの指摘や被害者の権利を重視する近年の国際的潮流にかんがみると、被害者にとって最も身近な機関であり、被害の回復、軽減（被害感情の軽減を含む。）及び再発防止について被害者から大きな期待が寄せられている立場にある警察として、被害者の視点に立った、被害者のための各種の施策を早急に強化することが緊急の課題となっている。（傍点：引用者）

（67）「警察職務は、表面的には個々の職員が自らの知識、能力によって遂行しているかのように見えるが、実際には警察という組織の方針に基づいて個々の職員が警察全体の業務の一部分を担当しているに過ぎない。そうでなければ職務遂行の一貫性を欠き、治安の維持という重要な責務を果たすことは不可能である」

（「実務講座　警務教室　警察管理　派出所における巡査部長の心構えと部下の指導育成方策」『月刊警察』一九八七年　五巻六号　五八頁）

（68）牧野雅子「警察組織とジェンダー――「婦人警察官」「女性警察官」の歴史的考察」『ジェンダーと法』二〇〇六年　三号

（69）集団強姦罪の制定過程議論を分析したものに、髙良沙哉「集団強姦罪の制定過程における「性的自由」論議」『沖縄大学法経学部紀要』二〇〇九年一二号　がある。

（強制わいせつ）

第百七十六条　十三歳以上の男女に対し、暴行又は脅迫を用いてわいせつな行為をした者は、六月以上十年以下の懲役に処する。十三歳未満の男女に対し、わいせつな行為をした者も、同様とする。

（強姦）

第百七十七条　暴行又は脅迫を用いて十三歳以上の女子を姦淫した者は、強姦の罪とし、三年以上の有期懲役に処する。十三歳未満の女子を姦淫した者も、同様とする。

（集団強姦等）

第百七十八条の二　二人以上の者が現場において共同して第百七十七条又は前条第二項の罪を犯したときは、四年以上の有期懲役に処する

（『法令全書』平成一六年一二月号（一）一四一―一四二頁）

（70）『法制審議会刑事法（凶悪・重大犯罪関係）部会　第二回会議　議事録』二〇〇四年五月一七日　一二頁

（71）小林千代美委員　しかし、大臣、今まで女性の人権問題ですとか取り組んでいらっしゃった大臣にあえてお伺いをしたいと思うんですけれども、性的自由に対する侵害というものは、これは男性であろうと女性であろうと、受ける侵害に対して、個人の尊厳という意味においては性別は関係ないものと私は考えます。そ

の個人に対して、性的侵害を受けるということは、命を落とすことよりもひょっとしたらつらいことなのかもしれない。こういった状況は、客体が、被害者が女性であれ男性であれ、私は同じ重さを持っているのではないかというふうに思いますけれども、性別により犯罪の種別を分ける、これを大臣はどのようにお考えでしょうか。

南野知恵子法務大臣　我が国の強姦罪が女性に限定されているのは、先生、あり得ない、男女平等にすべきだというふうに思っておられるようでございますが、性というもの、いろいろな問題を考えてみますと、男女の生物的な差異等に基づくということになろうかと思います。これは解剖学的な問題でもあり、それから生物学的な問題でもあり、ホルモン的な問題も、いろいろその中に含まれている課題であるというふうに私は承知いたしておりますが、この法案は女性を保護しようという考えによるものでありますので、そういう点では合理的であるというふうに考えます。

また、男性に対する性犯罪については、強制わいせつ罪に当たり得るところですが、悪質な場合もあることから、今回、強制わいせつ罪の法定刑を引き上げるということにしており、事案に応じた適正な科刑が可能になると思われます。

外国では、男女同じ性犯罪の対象としているところもあることは承知いたしておりますけれども、それはそれぞれの国の実情等によるものと考えられ、その一方で、その法定刑は、我が国の現在の強姦罪と比較しても必ずしも重くないものと承知しております。そのようなあり方については、慎重な検討を要するというふうに思っております。

小林千代美委員　先ほど、生物的な差異に基づくものであるからこういうふうに犯罪の種別を分けるというふうに答弁いただいてきましたけれども、具体的に生物的な差異というのはどういうことを指していますか。

南野知恵子法務大臣　男性は妊娠しません。女性は妊娠します。いろいろな課題があります」

（『第百六十一回国会衆議院法務委員会議録第七号』二〇〇四年一一月一二日　一二九頁）

（72）木村光江は今回の性犯罪の罰則強化を「刑法典そのものに被害者保護の観点を取り入れたものとして画期的」であると評価している。（木村光江「刑法各則の罰則整備」『ジュリスト』二〇〇四年　一二七六号　六二頁）

（73）木村光江「刑法各則の罰則整備」『ジュリスト』二〇〇四年　一二七六号、今井猛嘉「刑法総則の罰則整備」『ジュリスト』二〇〇四年　一二七六号、杉田宗久「平成一六年刑法改正と量刑実務の今後の動向について」『判例タイムズ』二〇〇五年　一一七三号、萩原玉味「我が国における強姦罪の量刑事情と今後の課題――昭和四二年一月から平成九年一二月までの第一審判決を中心に」『明治学院論叢　法学研究』一九九九年　六三五号　等

（74）『法制審議会刑事法（凶悪・重大犯罪関係）部会第二回会議議事録』二〇〇四年五月一七日　一四頁

（75）『法制審議会刑事法（凶悪・重大犯罪関係）部会第二回会議議事録』二〇〇四年五月一七日　一六頁

（76）二〇〇五年五月一九日付通達「子ども対象・暴力的性犯罪の出所者による再犯防止に向けた措置の実施について」（松坂規生「子ども対象・暴力的性犯罪の出所者による再犯防止を含む子どもを犯罪から守るための対策について」『警察学論集』二〇〇五年　五八巻九号）

（77）検察庁によって行われている「被害者等通知制度」は、加害者の処遇・出所状況を被害者の希望に応じて知らせるもので、地域住民の自衛策としてではなく、被害者の権利として位置づけられている。

（78）林幸司・松田盛雄・藤丸靖明「性犯罪者の治療――矯正の果たす役割」『矯正医学』二〇〇〇年　四九巻一号　一三一頁

（79）藤岡淳子「塀の中の性犯罪者治療――日本の現状と課題」『アディクションと家族』二〇〇〇年　一七巻三号　二六一頁

（80）川端壮康・内山八重「行刑施設における性犯罪者の集団精神療法」『犯罪心理学研究』二〇〇一年　四〇

巻二号　二一頁、今村洋子「矯正における実践――性犯罪者処遇の定着のために」『犯罪学雑誌』二〇〇六年七二巻三号　八九頁

(81) 林幸司・松田盛雄・藤丸靖明「性犯罪者の治療――矯正の果たす役割」『矯正医学』二〇〇〇年　四九巻一号　二一頁

(82) 矯正局は矯正施設の施設内処遇を所管し、保護局は保護観察等の社会内処遇を所管する。

(83) 性犯罪者処遇プログラム研究会『性犯罪者処遇プログラム研究会報告書』二〇〇六年　七頁

(84)『朝日新聞』二〇〇七年一月一一日　朝刊大阪本社版　三一面

(85)『朝日新聞』二〇一一年一月二二日　夕刊　一面

(86) この条例案の議論は、二〇一一年三月一一日に発生した東日本大震災で宮城県が被災地となり、震災対応が先決との判断から、先送りされている。

(87)『朝日新聞』二〇一一年九月七日　朝刊　三七面

(88)『日刊警察』二〇〇五年三月一一日　一面

(89) 遊間義一「性非行の再入率と累行性」『罪と罰』二〇〇五年　四二巻二号、染田惠『犯罪者の社会内処遇の探求――処遇の多様化と修復的司法』二〇〇六年　成文堂　一九二―一九四頁

(90)『犯罪白書』平成二二年版　法務省法務総合研究所　二三五頁

(91) 二〇〇四年中に子ども対象・暴力的性犯罪（強姦・強盗強姦・強制わいせつ・わいせつ目的の略取誘拐）で検挙された者は四六六人であった（上野正史「警察における性犯罪対策――子どもに対する犯罪への対策を中心に」『警察学論集』二〇〇九年　六二巻三号　一一五頁）。一方、二〇〇四年中に強姦・強盗強姦・強制わいせつ・略取誘拐で検挙された者は、それぞれ一、一〇七人、九一人、二、二五人、一八七人である（略取誘拐罪には、わいせつ目的以外のものも含む。『犯罪白書』平成一七年版　法務省法務総合研究所　四一四

―四一六頁）。

（92）これまで、世論を動かしてきた性犯罪事件は、一九九五年に沖縄で発生した米兵による少女強姦事件や二〇〇四年の性犯罪前歴者による幼児殺害事件といった、無垢な少女が被害に遭うというものであった。アメリカの性犯罪者情報開示法の代表例が、ニュージャージー州のメーガン法である。この法は強姦され殺害された女児の名を取ってそう呼ばれている。加害者が同種犯罪の前歴者であったことを知った両親が、事前に前歴を知っていたら自衛出来たと訴え、住民の権利としての性犯罪者の情報開示を求める運動を起こし、わずか三ヶ月で成立に至ったものである。（藤本哲也『性犯罪研究』二〇〇八年　中央大学出版部、渥美東洋・宮島里史「アメリカ合衆国における性犯罪前歴者対策について」『警察学論集』二〇〇六年　五九巻二号）

（93）平井佐和子は、性犯罪の裁判員裁判について、「『裁判後』、すなわち刑務所の処遇の内容や、社会内での更生のあり方について情報が少ない現状において、裁判員にとって、実刑か執行猶予かの判断は『被告人は市民の隣人か否か』という発想に傾きかねない」と述べ、適切な判断には「裁判後」の情報が必要であることを指摘している。（平井佐和子「性暴力犯罪と裁判員裁判――二〇〇九年の事例から」『西南学院大学法学論集』二〇一〇年　四二巻三・四号　二四三頁）

（94）最高裁は、「経験則」から、被害者が逃げていないことやまわりに助けを求めていないことなどをもって、強姦ではないとし、無罪判決を出した。（二〇一一年七月二五日　最高裁判所第二小法廷　判決『朝日新聞』二〇一一年七月二六日　朝刊　三七面、『毎日新聞』二〇一一年七月二六日　朝刊　二八面）

（95）以下に引用するのは、全国の警察官を読者とする『日刊警察』に掲載された、元警察庁官房長の菅沼清高による「ムダやめて大事なことをもっとして（その三）～「被害者というが、あんたも問題だ」～」という、警察は性犯罪被害者の非を厳しく問うべきだと主張する記事である。該当記事は一面の半分を占め、全紙面を通して異色の扱いである。

何でもありの世の中になってきました。以前であればとても起こり得なかった事件や事故が日常化しています。

首をかしげたくなる「被害者」も出てきました。そんな被害事件の捜査にあたる捜査員もご苦労様ですが、たまには怒鳴りつけてやったらどうですか。「被害者というが、あんたも問題だ」と。

京都の名門大学のアメフット部のOBとかによる集団婦女暴行事件が大きく報道されました。確か一年ほど前にも東京で有名大学生らによる常習的同種事件が明るみに出て新聞や週刊誌を賑わせました。どちらにも共通するのは、加害者も被害者も大学に籍を置く者であること、パーティ、コンパ等飲酒の場が前置されており、被害者が泥酔またはこれに準じた状況下で発生したことでした。

加害者側の犯罪行為に弁明の余地のないことはもちろんですが、こうした事件が発生するたびに心ある人が思うのは、「被害者とはいうが、健全な常識からするとそちらもかなり問題なのではないか」「どっちもどっちだぜ」「自業自得じゃないのか」ということです。

人間はそんなに立派なものではありません。大学生といえども（あるいは近年の大学生だからこそ）そんなに自制のきく聖人君子ではないのです。程度の差はあれ、誰もが不穏な欲望を宿しており、時と場合があれば万人が犯罪を犯す可能性を持っているのです。それを抑えているのが教育や自律であり、さらに、そうした場を作らない、危険を来たす状況下に身を置かない賢明さ、人間が培ってきた生活の知恵の実践であって、これが世の中の秩序の維持や犯罪の抑止を支えてきたのです。

良家の子女（ということばも今や死語となってしまいましたが）はもちろんのこと、普通の常識を備えた若い女性は、クローズされた空間で男と同席しないこと、況んや酒の席に臨んで酔うほどに飲まないことは、ほんの少し前まではあたりまえの「たしなみ」でした。報道されている被害女性たちはあどけない幼女や小学生ではありません。二〇才前後ともなれば十分に思慮分別のある一人前の大人であったはずです。

若い女性が血気盛んな男たちとクローズされた空間に身を置き、酒食をともにするということは余程の鈍感でなければ、ある危険を承知し、さらに云えばそれを期待、容認さえしていたとみられてもおかしくはないのです。

極めて厳しく云えば「教唆煽動」、遠慮して云っても「誘引」していたといわれても仕方のないことでもあります。

加害者を検挙、訴追することはもちろん必要なことではありますが、この種事案の下敷になっている被害者側の非常識、幼稚さ、馬鹿馬鹿しさをはっきりと指摘して世の中に注意喚起することも治安当局のやるべき大事なこと、そしてマスコミ、世論もちゃんととりあげるべきことではないでしょうか。

刑法の責任論の中に「原因において自由な行為」ということばがあります。酒に酔って他人を害した者は酩酊していたからと云って許されるものではありません。酒に酔うか酔わないかは全く自分の意思で決めることが出来たからです。些か酷かも知れませんが、「被害者、被害者というけれど、あんたにも被害者にならない選択の自由が十分にあったのではないか」と云えるのです。

昨今この種の被害者が多過ぎます。被害者も加害者も幼児化が進み、よろずにしまりのなくなってしまった世の中で、自分を守るためのごく基本的な心得や生活の知恵の見直しを人々につきつけていってはどうでしょうか。　（『日刊警察』二〇〇六年三月七日　三面）

(96) 高良沙哉「集団強姦罪の制定過程における「性的自由」論議」『沖縄大学法経学部紀要』二〇〇九年　一二号　一一頁　インターネット上で性暴力事件が報道されると、Yahoo!　Japan ニュースへのコメントや mixi ニュースへの関連日記などで、被害者の落ち度を指摘する書き込みが多くみられる。

二章　強姦事件における犯行動機の立証

はじめに

一般に、「あの事件はなぜ起こったのか」という問いは、警察による捜査や刑事裁判で犯行動機が明らかにされることによって、解明されると考えられている。一方で、刑事手続きにおいて動機の立証が必要とされるのは、動機が量刑に反映したり、適用罪名の決定要因となったり、時には犯罪事実認定に不可欠だからであって[1]、一般的な犯罪原因を究明するものではない。

現在の裁判制度は調書裁判と呼ばれるように、捜査機関が作成した証拠書類（被疑者供述調書や犯罪捜査報告書等）によって立証が行われ、事実関係が争われる場合を除いては、公判廷において事件の詳細が口頭で立証されることはない。警察は刑事司法過程における第一次捜査機関として捜査のほとんどを担っており、動機の捜査においても重要な役割を果たしている。捜査には、事件発生後の証拠収集活動や被害者や被疑者に対する取調べ、取調べ内容の裏付け作業等があるが、中でも重要視されているのが、被疑者に対する取調べである。「犯行動機」は取調べによって明らかになる犯人の内心の吐露とみなされており、それは供述調書に記載されて証拠化される。

本章では、ある連続強姦事件の捜査書類や裁判記録から、動機の捜査がどのように行われ、公判廷において動機がどのように立証され認定されたのかを分析する。

一　事件の概要・加害者調査の経緯

（一）事件の概要及び加害者の略歴

本件は、二〇〇一年八月から九月にかけて発生した、自己所有の車両に女性を拉致、あるいは女性宅に侵入して強姦したという現職警察官による連続強姦事件である。被害者は四名で、内一件は未遂であった。他に、被害届が出されていなかったために立件されなかった強制わいせつ事案や無罪となった窃盗事案もある。強姦事件については四件とも、被害者は被害当日に警察に被害申告し、その後、被害場所に対する証拠採取作業や被害状況の再現、事情聴取が行われている。

加害者Yは次の犯行を行うべく住宅地を徘徊していた二〇〇一年九月下旬、付近を警戒中の警察官に職務質問され、任意同行の後、緊急逮捕された。逮捕後、裁判所が発行する捜索差押許可状により、Yの自宅や車両等に対する証拠品の捜索・押収が行われ、本人の取調べが開始された。妻、義母、実父、職場の上司に対しても事情聴取が行われている。公判は、二〇〇一年一二月から翌二〇〇二年一〇月までに計九回開かれ、懲役一二年（求刑は懲役一五年）の実刑判決が下された。

Yは一九六九年、東京に生まれた。Yの父親は二代続く地方議員で、Yの母親も議員を務めていたことがある。Yには姉が二人いるが、二人とも結婚して別の世帯を営んでいる。Yは、地元の小・中学校を卒業後、全寮制の男子高校に入学。高校卒業後は、二浪して私立短期大学夜間部の法律学科に入学した。複数県の警察を受験したが不合格となり、短期大学卒業後一年間は、警備員のアルバイトをしながら試験準備をし、卒業の翌年、K県他の警察官採用試験に合格した。

一九九一年四月にK県の警察学校に入校し、警察学校での一〇ヶ月間の初任科研修の後、N警察署地域課（当時の呼称は外勤課）に配属され交番勤務に就く。一九九三年には機動隊に配属され、そこで五年間務めた。一九九八年に県庁所在地を管轄する警察署に転勤となり地域課で交番勤務に就き、翌年には同署留置管理係となり二年間の留置場勤務の後、二〇〇一年同署警備課勤務となった。逮捕翌日に信用失墜行為で懲戒免職処分を受けるまで、階級は巡査である。

妻Tとは一九九四年に知り合い、一九九八年に結婚した。最初は官舎で夫婦二人暮らしをしていたが、妻の父親が自殺し、妻の母親も病気になったことから、二〇〇一年からYは義母と妻の三人で暮らしていた。逮捕後妻とは離婚している。

Yは犯行時警察官であったため、本件は現職警察官による連続強姦事件として大きく報道された。Yに前科前歴はなく、上司の供述調書によれば、職場で問題は見られなかったという。

（二）加害者調査の経緯

筆者が二〇〇一年一二月に開かれた第一回公判を傍聴し、そこで加害者Yの弁護人を介して本人に面会を申し出、Yが了承したことから調査が開始された。Yの調査時の身分は刑事被告人であり、警察署及び拘置所に勾留中であった。

調査は、インタビューを中心に、往復書簡や公判の傍聴によって行われた。インタビューは、第二回公判後の二〇〇二年二月から一一月に刑が確定するまでの九ヶ月間にわたり、警察署や拘置所での面会（接見）の形をとって合計一一九回行われている。勾留中の被告人との面会では、録音・録画が禁止されているため、会話は面会中に速記し、書簡によって面会内容を確認した。一回の面会時間は、警察署に於いては約三〇分、拘置所では一五分である。公判中の被告人に対する面会のため、捜査や裁判に影響を及ぼすような、事件や公判に関する具体的な会話は禁じられており、警察署における面会では、事件の話をすること自体を禁じられた。警察署・拘置所共に、面会には必ず係官が立ち会い、拘置所では面会内容の概要が記録されていた。Yが筆者との面接を拒否したことは一度もなかった。[2]

Yからは、筆者の調査依頼に対する弁護人を介した返答を含めて、八一通の書面を受信している。その通信費はすべてYの自費による。筆者がYに発信した信書は一〇八通である。書面はすべて検閲されたが、書面にマスキングされたり信書の受発信そのものが止められたことはない。

公判は九回開かれ、筆者は全てを傍聴し、その過程を記録している。また、Y承諾のもと、事件記録（警察官が作成した捜査書類等）及び裁判記録を閲覧した。この閲覧は、弁護人からの情報提供及び、L地方検察庁の保管記録の閲覧許可によるもので[3]、いずれも、学術研究目的でのみ使用し、知り得た情報の取扱いについて注意するよう、指示を受けている。その他に、Yから勾留中につけていた日記の提供を受け、Yの両親、弁護人や事件担当警察署幹部に対する聞き取りも行った。

筆者とYは、K県警察学校の同期生である。Yは筆者より二歳年下で、採用条件が違ったため卒業時期は異なったが、初任地も同じであった。会えば会話を交わす間柄ではあったが、とりわけ親しかったわけではない。

二　動機の立証過程

（一）　性的意図の先取り

加害者Yの逮捕後に行われたのは、証拠収集のための捜索差押えであった。捜索差押えは原則として、あらかじめ事件署捜査幹部が裁判官に請求した許可状によって行われる。裁判官に許可状を請求する際には差し押さえる物品を明示しなければならない。この時、差し押さえる対象として捜査幹部が指定し、裁判官が許可した物品は、捜索差押え後にその状況を記した捜索差押調書に添付されている「差し押さえるべきもの」と題された別紙に記載されている。

本件の「差し押さえるべきもの」には、犯行に使用した凶器類、犯行を裏付けるメモ類の他に、動機を裏付けるものとして、以下の物品が記載されていた。

本件犯行動機を裏付ける
女性用下着、バイブレーター等性的遊具類
女性の裸体、性行為等を描写した
雑誌、写真集、写真、フィルム、ビデオテープ等

刑事司法では、動機は、行為を駆動するものとして行為者の内面に存在すると考えられている(4)。したがって、この前提によれば、動機の取調べが行われていないのに、動機を裏付ける物品の範囲を具体的に特定することは本来は不可能である。個々の犯行には、行為者それぞれの個別の動機があるはずであり、それは、取調べによる行為者の内面の吐露によってはじめて明かになるはずのものだからである。しかし、ここでは、動機についての供述が始まるまでに、ポルノグラフィや性的遊具類といった物品が指定されており、強い性的興味に基づいた性的意図の立証という目的が先行している。それが可能なのは、捜査機関の考える、強姦の動機に関する前提があるからに他ならない。いわば動機の先取りであり、それは、令状を発付した裁判官によって追認されている。

取調べでも、性的意図という犯行動機は先取りされていた。取調べを証拠化した供述調書は、記載すべき内容や順序が定型化されており、身上経歴を先に、犯罪事実関係は後に記載するのが通例である。身上経歴は、「被疑者の生活歴や現在の状況から、その人格を把握し、本件犯行に至る遠因や犯行の動機形成の理解に役立つとともに、情状資料として、起訴不起訴の決定や量刑にも資するもの[5]」であって、重要だと判断される事柄に関しては、詳細に記載される。

Yの供述調書には、身上事項の記載の後、事件についての具体的な供述内容が記載される前に、いわゆる初体験の年齢や性交の頻度、性的欲求の強さが書き連ねられ、夫婦間の性交渉の満足度までが記載されている。

次に私と妻の夫婦間についてですが、妻とは仲はいいものの、明るい性生活、ＳＥＸライフは充実していません。

そんな背景（引用者注：不妊治療）から、当然妻とはＳＥＸする回数が減り、今では月に一回関係があるかないかといった程度なのです。

ですから、私も男ですし、性的な欲求はあり、かなり性的な欲求不満が溜まっているのは事実です。

元来私はＳＥＸが好きで性欲も強い方です。

こうした、Ｙの性的欲求の強さを暗示する、妻との性交渉の回数が少なく不満であったこと、元来性欲が強いこと、セックスが好きであること[6]が犯行動機の前に記載されているのは、動機理解のために把握しておく必要があると考えられているからである。

(二)　警察官の取調べ

①性的欲求不満の聴取

Ｙの取調べは逮捕当日から行われたが、詳細な動機についての供述調書は、五日目に作成され、以下のように始まっている。

> まず、私が思う原因、動機を一言で言いますと
> 自分の気が小さくさみしがりやな性格と
> 何でも悩みを一人で背負い込んでしまい全く第三者に悩みを打ち明けないところ
> そんな中、家庭間のトラブル
> 仕事でのストレスが溜まり　そして
> それが爆発し
> 家族間のトラブルから妻とＳＥＸ

ができない夫婦でありながら
明るい性生活が送れず、性的
欲求不満が積もり
自暴自棄におちいって　我を見失い
いつしか自分が警察官でありながら
欲望のまま若い女性を襲うことで自分の
ストレス　欲求不満を解消
するようになってしまったのです。
もう私は野獣のようになり、自分で自分の悪事を止められなくなっていました。[7]

供述内容によれば、Yの犯行動機は、妻との性交渉がないことから性的欲求不満に陥っているところに、職場や家庭内でのストレスが溜まって自暴自棄になり、その性欲を満たすべく強姦に及んだというものである。以後の供述調書や、取調官が作成した捜査報告書でも、同様の内容が繰り返し記載されていることから、ストレスと性的欲求不満の解消が、犯行動機だとみなされていると考えてよいだろう。

動機の取調べで特に力が注がれているのは、犯行の背景とされる、Yが性的欲求不満状態にあったことの証拠化であった。取調官が作成し裁判で採用されたYの供述調書全二二通中一〇通に、犯行時は性的欲求不満状態であり、その解消が犯行の動機であったことが、詳細かつ執拗に繰り返し記載されている。動機の証拠化を必要としない、犯行状況等の説明のために作成された供述調書でも、折に触れ、犯行は「ただただ、たまった性的欲求不満を解消するため」であったという犯行の背景が記述されることで、性欲を満たすことが目的であったことが強調されている。

Yの供述調書では、Yは不妊治療を受けており、治療中は性行為を控えるよう医師から指導されて、自分は望んでいるにもかかわらず「妻とSEXができない」状態にあったことが性的欲求不満の原因として何度もとりあげられている。その事実の裏付けのために、妻の取調べや、Yの治療にあたった医師に対する電話確認がされているのだが、妻の供述や医師の語った治療事実によれば、Yが供述調書に記載されているような性的欲求不満状態にあったとは考えにくい。事件当時、妻との性行為は可能であり実際に行われていたし、妻の供述調書によればYは妻との性交渉に消極的であって、Yの供述調書の記載内容は、妻の供述と矛盾する。(8) したがって、妻や医師に対する捜査結果は、Yが妻との性交渉がないことから性的欲求不満に陥り犯行に及んだとの犯行動機を、反証こそすれ、裏付けてはいない。それにもかかわらず、関係者から得られた証拠との矛盾を無視してまで、取調べ当初から一貫して、性的欲求不満を解消するためという動機が供述調書に記載されているのである。

関係者に対する捜査結果が無視されるのは、動機は行為者の内面に存在するとされていることから、周囲の者の証言よりも、行為者の表明した動機内容が優先されることによる。犯行時のY

が性的欲求不満状態であったことが、執拗かつ詳細に繰り返し記載されていたのは、妻の供述との矛盾を打ち消す効果を期待してのものだとも考えられるのである。

また、不妊治療を受けているのは、Yの妻ではなく、Y自身であった。仮に、治療の必要性からYが性行為を医師に止められていたのだとしたら、妻との行為だけでなく、強姦も行えないはずである。だが、Yがなぜ医師の指示に従わなかったのか、なぜ子供が欲しいにも関わらず自分の「性欲」に打ち勝てなかったのかについては、取調べでは一切触れられていない。不妊治療によってY自身の性交が止められていたから見ず知らずの女性を強姦したという論理は、全く破綻しているのだが、その追及はされていない。

供述調書には、性的欲求不満に加えて、家庭や職場で大きなストレスにさらされるようになったことも、強姦の動機として記載されていた。しかし、何故強姦以外の方法でストレスの解消が行われなかったのかが問われた形跡は、供述調書には全く見あたらない。ここでストレスとは、性的欲求不満を亢進するものであり、それまで適切に欲求の処理を行ってきた理性を吹き飛ばすものとして、みなされている。だが、供述調書にはストレスについての記述が少なく、取調べの回を追うごとに、強姦が溜まっていた性的欲求不満を解消するためであったと、その動機が収斂されていく。

②「性欲」の意味

逮捕当日作成された供述調書には、「私も男ですし、性的な欲求はあり、かなり性的な欲求不満が溜まっているのは事実です。元来私はＳＥＸが好きで性欲も強い方です」と記載されている。その他、生い立ちが記載された供述調書にも、「当然男ですし、性的な欲求はありますし、ＳＥＸしたいというＳＥＸ願望は強く大好きです」と、同様の記述がある。ここでは、性的欲求とは何かの定義はなしに、まず、男とは性欲があるものという一般化が行われている。そして、その性欲とは、一人で解消するものではなく、性交によって解消されるべきものであることが暗示される。その上で、Ｙ個人の性欲について、その基準は一切示されないまま強いという比較表現がされ、性欲を持つヒトのオスの中でも特に性欲が強く、したがって、女性との性交を強く求めるＹという、生物一個体としての特質が示されている。

供述調書では、一貫して犯行動機は性欲を満たすためだとされているものの、その性欲の語が意味するものは一貫してはいない。逮捕から約三ヶ月後の供述調書では、「女性を襲って強姦するといった性的欲望だけが支配し（引用者注：次の犯行を企てた）」と、性欲とは強姦する欲望のことだと極論されるに至っている。性欲の語が、ここでは他者に対する暴力性をもった欲望の意味で用いられ、当初用いられていた「性欲」の意味範囲を大きく逸脱しているのである。

性欲という語は、生物学的に本能の意味でも用いられる語であり、Ｙの供述調書でも、本能と同義に用いられている。そこでは、「ただ自分の性的欲求不満を本能のまま欲望のまま解消することだけで頭がいっぱい（引用者注：なので強姦をした）」と、強姦は性的欲求不満を解消する本能的な行為だと記述されている。それによれば、強姦とは、ヒトという動物に埋め込まれた不可避の欲求に基づく行為である。

全供述調書を通じて、性欲やストレスの「解消」方法は他にあるにもかかわらず、なぜ強姦でなければならなかったのかの説明が全くされていないのだが、本能を持ち出すことで、本能だから仕方がないと思わせ、その説明が回避されている。そして、本能や性欲の語によって強姦行為の原因が説明されるのであれば、犯行の背景として、犯行時に被疑者が性的欲求不満の状態にあることさえ立証できればよいのである。

③性欲という本能

Yの供述調書には、犯行状況の説明部分に、本能の語が頻用されている。しかし、その本能の語の指すものは、生物学的に意味するものとはかけ離れているのである。以下に、本能の語によって説明されている実行行為部分を抜き出し列挙してみる。

「最初は夜一人歩きをする若い女性を見つけては、本能のままその女性の後を付け、興奮を覚えたことから始まります」（追尾行為）

「欲望のまま、本能のまま、（中略）若い女性が一人で住むマンションアパートがないか物色していました」

「私はもう、本能のままこの部屋に忍び込めるかと、ふとちょうどお風呂場の向かって右横になる縁側の窓の状態を確かめていました」

「この部屋に忍び込むぞと思ったら、もう身体は止まらず、欲望のまま本能のまま、（引用者注：被害者宅の）ベランダの中に入っていました」　（住居の侵入経緯）

「それから私は、本能のまま、欲望のまま動きました。（引用者注：以下、被害者に目隠しをしたり、ナイフを突き付けて脅し、ガムテープで口を塞ぐ等）」　（暴行・脅迫）

「（引用者注：車に女性を拉致した後、車を停めて）本能のまま運転席から後部荷台の女性の所まで移動し」　（車内での移動）

「もう私は、完全に我を忘れ、本能のまま欲望のまま、キスをした後、無我夢中で女性の胸、乳房をもみ乳首を舐めまわしました。（中略）ただ本能のまま、欲望のまま無我夢中で犯しました。その後、私は再び正常位にもどり、本能のまま腰を激しく前後させ犯しました」　（姦淫）

「自分のペニスも本能のまま勃起するのが判りました」　（身体変化）

これらの記述から、住居への侵入や対象の選定といったことまで、強姦行為に関する行為が「本能」という語によって説明されていることが分かる。この記述に従うならば、窓の状態を確かめることも本能ならば、被害者の抵抗を抑止し通報を阻止するための暴行や、ベランダを乗り越えて部屋に侵入する行為までもが本能によって行われたのである。それらが、本能という語の意味する、生得的で種に特有な反応形式ではないことはいうまでもない。

供述調書によれば、本能に従うとは、「もう体は止まらず」「もう自分では止められず」「我を見失い」というように、理性によって制止することはできない衝動的な行為であって、自分の行動についての記憶すらない状態であるという。[9] また、「本能のまま同じような事件をやることだけで頭がいっぱい」と、思考までもが支配される。

だがYの行動は、被害者宅に侵入後、被害者が寝静まるのを押入に潜んで二時間以上も待ち、被害者の携帯電話のバッテリーを抜いて警察に連絡されないよう細工する等、衝動的な行動とは対極にあった。また、犯行は、計画的に行われたものであった。手順を周到に考え、目隠しのための道具や脅すための凶器、誤配を装って住居内に押し入るための郵便物等の物品をあらかじめ準備しているほか、車のナンバーから身元が割れないようにナンバープレートの偽造工作をし、被害者を脅すためのストーリーも練っている。それらは全て周到な準備・計画であり、きわめて知的な作業であって、本能という生物学的に説明される語が入る余地はない。逮捕から二ヶ月後に作成された供述調書にも、「あらかじめ犯行を決意し、犯行用具を準備する等、計画的にやった事件に間違いありません」と、計画性は明記されているのだが、本能による説明との矛盾は放置されている。

（三）検察官の取調べと裁判

本件の犯行動機は、第一次捜査機関である警察によって、性欲によって起こったという前提から出発して、性欲を満たすためであったと結論づけられた。その捜査経過を記載した捜査書類が検察官に送致された後、検察官による取調べも行われた。

Yは検察官による取調べで、性欲の処理について、買春で性的欲求不満を解消することは考えなかったのかと訊かれており、その取調べ状況は、供述調書に以下のように記載されている。

家庭内でのストレスや仕事上のストレスあるいは圧迫感といったものから逃れ発散するため、例えば風俗関係の店などに行って性的な不満も解消すると言ったことを考えなかったのかと尋ねられましたがそういったことは当時考えたりもしませんでした。

Yは、検察官に対してだけでなく、筆者に対しても、買春をすることを全く考えたことがなかったので、検察官に質問された時に驚いたと語っている。[10] この、検察官の問いは、何らかの形で性欲を解消すれば強姦はしなくて済む、つまり、強姦は他の方法でも処理可能な性欲の解消のために行われるという認識を前提にしている。検察官は性欲とは何かについて、全く尋ねることなく取調べを行っているが、性欲が単なる射精欲であれば、マスターベーションによって処理することも可能であり、「風俗」を持ち出す必要はないだろう。また、検察官の言う「風俗関係の店などに行って」というのは、買春を意味しており、少なくとも検察官は、男性の性欲解消のための買春を肯定し、むしろ強姦を予防するための必要な措置と考えている。その上で、性欲処理の方法として、妻との性交、「風俗」での買春、強姦が並べられ序列づけられている。また、妻との性交が可能でないならば、買春によって性欲を解消すべきであるという考えには、婚姻関係にある夫婦には性交に応じる義務があり、その義務を果たせないならば、性的排他性の契約が一方的に破棄されても構わないとする判断が示されている[11]。

Yは周到な準備をして「強姦」をすることに徹底的にこだわっており、強姦でなければならなかったことが伺えるのだが、警察官同様、検察官は「何故強姦でなければならなかったのか」については追及しておらず、警察による、ストレスによって性的欲求不満がつのり、妻との性交が不可能なため、欲求を解消するために強姦したというストーリーをそのままなぞるだけである。

公判においても、検察官は性欲の語を用いて、それを満たすためにYは強姦を行ったと主張する[12]。検察官は初公判の冒頭陳述で、犯行前の「被告人はその性欲を発散させることが出来ずにいた」と述べ、その理由として、自身の不妊症治療のため性交を控えるよう医師から指導されたこと、妻が性交に応じないことをあげた。また、義父の自殺や義母や妻の病気、妻や義母からの叱責、慣れない仕事等からストレスが溜まっており、それらストレスによって性的欲求不満が亢進したと述べ、「被告人は自己の性欲を満たすため」強姦を行ったと主張したのである。

論告では、「被告人の犯行は、正に、獣欲の赴くまま、被害者らの尊厳を踏みにじった鬼畜の所業というほかはない」「獣欲の赴くまま、婦女の強姦を繰り返す」と、「獣欲」という語を用いて被告人の行為が断じられた。広辞苑によれば獣欲とは「動物的な欲望」を指しており、強姦をその語で表すことによって、理性に基づく人間の行為を上位に置いて、Yの強姦行為はそれよりも低い動物的な行為とみなしたわけである。(13) だが、「獣欲」の語を用いたことで、強姦とはヒトという動物に組み込まれている性欲によって引き起こされるということをむしろ強調しており、Y個別の犯行動機からは遠ざかってしまっているのであった。

判決においては、裁判長は「女性を性欲の対象としてしかみず、その人格を全く無視した一連の犯行は、まことに身勝手で、非道なものというほかなく」と、性欲とは何かは不問のまま、これまで警察捜査や検察官の主張がされてきたことを追認して、被告人Yの強姦行為は性欲によるものだと結論づけた。捜査当初から、強姦は性欲によるものだという前提があり、各種捜査結果と矛盾しているにもかかわらず、前提に沿うように動機のストーリーが編まれていったのであった。つまり、刑事手続き全てを通して、性欲という動機の先取りを行った上で、性欲によるものだと結論づけたのである。このことにより、Yが何故強姦を行ったのかは明らかにされないまま、裁判は終了した。

三　捜査書類に書かれるもの

(一)　取調べの力学

取調べにおいて、供述者が、取調官の誘導に従って供述したり、取調官によって一方的に書き上げられた供述調書を認証する場合があることは、従来から指摘されている。[14]「取調べは取調官が次々と質問して事件を解明していくということになり、このため取調官がリードするのはやむをえない[15]」と考えられており、これまでにも、取調官の誘導や自白の強要が問題になってきた。本件では、Yに対する取調べは合法的に行われたというが、そのことは、Yが自発的に供述し、その通りに供述調書が作成されたことを意味するものではない。

Y：悪いのは自分なんですけどね。取調べの時も、こうだろって言われて、はい、って。その方が楽だというのもありましたし。そうじゃないと、(引用者注：供述に) 一貫性がないわけですよね。そしたら (引用者注：供述調書の) 決裁も通らない。通らなければまた、やり直し。取り調べて調書を書き直して。それを知っているから。

筆者：決裁？　何をそこまで。

Y：考え、ますよ。知ってますもん。その方が、僕も楽だったんです。　(9／2　面会)

犯行を想起し語ることは、自らの「恥部」を直視せざるを得ない、できれば回避したい辛い作業である[16]。取調官があらかじめ描いたストーリーに同意し、それに沿った質問に返答するだけなら、その苦痛は軽減される。自分が考える「真実」を語っても、それを取調官や捜査関係者が納得しなければ、彼らが納得する供述が引き出されるまで取調べは長期化する。取調官の作成した供述調書が上司の理解を得られなければ、決裁を受けられずに差し戻されてくる。警察官としてその事情を承知していたYは、そこまで見越していた。Yは長期にわたる取調べが苦痛であったといい、自身を早く解放させるためには、取調べが円滑に進行することが重要であった。そのためには取調官のストーリーに合致するように供述することが、取調官のみならず自身にとっても得策であると考え、取調官の誘導に従うことを自ら選択したのである。

取調官の誘導とそれに沿ったYの供述は、動機の取調べにおいても行われていたと推察される。最初の面会時、Yは「刑事に話していないこともあります。内面のことは話していないです。自分でふたをしてしまっているんですよ。怖いですから。でも、それじゃいけない。自分でもなぜやったのか知りたいんです」（2／6　面会）と語った。逮捕から四ヶ月以上が経っており、既に取調べはほぼ終了して、動機についても充分に供述したはずである。それにもかかわらず、Yは「内面のこと」を話していないと述べているのは、供述調書に記載された動機は、Yの自発的な語りではなく、取調官があらかじめ用意したストーリーに沿って被告人の供述を誘導し、Yがそれに従ったことを示している。

(二) 供述調書の性質

取調べにおいて、被疑者が供述した内容は、取調官によって供述調書に記載され証拠化される。しかし、供述調書には、供述されたことが全て書かれるわけではなく、取調官によって内容の取捨選択が行われている[17]。Yは、どの被害者の顔も全く覚えておらず、取調べの際に被害者の写真を見せられても誰一人分からないことに戸惑ったと、筆者に語った[18]。

被害者の顔も思い出せない。泣いている顔は覚えているんですが、体育座りをしてたたずんでいる姿とか。正直、取調べの時も困ったんですよ。本当に分からない。(中略)見ている筈なんですよ……。だって、長い間……見ている筈なのに……。(7/23 面会)

人格を表す部位である顔を覚えていないということは(あるいは、認識していないということは)、Yの行為が、被害者を利己的かつ抽象的な対象としてしか見ない、一方的な暴力行為であり、Yの悪質さを示すものともいえる。Yの語りからは、取調官が被害者の顔写真をYに見せる等して、Yに被害者の顔を思い出すよう執拗に働きかけていた様子が窺えるが、供述調書では、被害者の顔の記憶がないことには全く触れられていない。それは、取調官が、Yが被害者の顔を覚えていないことを証拠化する必要がない、あるいは、証拠化することが適切でないと判断したからである。

加えて、供述調書は、供述の逐次記録ではなく、あらかじめ取調べた事柄を、取調官の考えるストーリーに編み直し、取調官の表現でまとめ上げた、いわば取調官の作文である[19]。取調べが適切に行われていたとしても、取調官によって作成された供述調書は、取調官の視点や解釈、表現を越えることは出来ず、供述者というよりは、むしろ、取調官の視点や解釈が如実に表れた書類だといえる。

四　動機捜査の前提

作成された供述調書は、警察署幹部の決裁を経て、警察署長により検察官に送致されるが、この過程で証拠として不適切だと判断されたものは、削除されるか再度の作成を命じられる。これら一連の手続きを経て証拠として提出された供述調書は、作成者のみならず、それを承認した警察署幹部の意図も反映されたものといってよい。つまり、取調官が強引なまでに性欲という語を用いて、性欲を満たすためという動機に収斂させようとしたのは、捜査機関全体の認識によると考えられるのである。

捜査書類は、それらを担当する個々の捜査員が作成するものの、書式や記載方法については、司法警察職員捜査書類基本書式例によって定められており[20]、取調べ項目や記載要領に関して多くの参考図書が刊行されている。それらの記載例から、実際の捜査がどのように行われ、捜査書類がどのように作成されているかを推測する事が出来る。

基本参考書である『捜査書類基本書式例』は、都道府県警察を総括する警察庁刑事局によって編集され、基本的な捜査書類について、その記載方法を具体的に例示し、解説を加えたものである。本書の供述調書の項には、一般的に考えられる動機として性欲や名誉欲が挙げられており[21]、性犯罪の動機は性欲によるものであるとの前提がある。その解説によれば、性欲による犯行であることを示すには、性欲による犯行であったというだけでは動機の立証には不十分であって、性欲を満たしたいと行為者が思うに至った直接の原因を探り詳細に記載することが必要だという。

被疑者取調べについての解説書である『被疑者の取調技術』にも、強姦は性欲に基づく犯罪であって、生理的欲求を犯行動機とする代表的なものであると述べられている[22]。

取調べ項目や供述調書の記載内容を具体的にあげているのが、警察大学校特別捜査幹部研修所が発行する『研修生課題研究報告』である。これによれば、犯行動機が性欲であることを立証する場合、「被疑者の異性に対する態度言動、売春地域への出入り状況、昼夜間公園等での徘徊、性犯の前歴実態、現場の状況、被害状況の捜査によって変態性、精神的欠陥（色魔）、性欲の強弱、時期、内容等[23]」を取調べ、立証する必要があるという。本件でもYに対して同様の事項が供述調書に記載されており、その裏付けとなる妻の供述調書でも、性癖、性欲の強弱、性行為の頻度、性行為の形態について言及があった。この研究報告は一九七四年に発行されたものであるが、Ｙについても、同様の取調べが行われているのである。先述したように、一九六〇～八〇年代の警察においては、被害者防犯の概念が一般的で、加害者の性欲を所与のものとして性犯罪の発生原因を被害者の有責性に求めた時期である。現在の事件に関しても、動機についての立証内容がその時期と同じであるということは、現在でもなお、男性の性欲を自然で当然のものとし、それを発露させた女性に責任を負わせるという捜査が、加害男性の捜査において行われている可能性があることを窺わせる。当時の性犯罪加害者の取調べは、「問題の行為または動機が特に異常でないということを示唆する」ことで、男性なら誰でももつ感情や意志であり特別ではないことを理解させ、羞恥心や当惑感といった障害を除くように面接を進める必要があるというものであった。[24]

捜査に従事する警察官を対象として検察官によって執筆された、性犯罪の取調べ事項を具体的に解説した『シリーズ捜査実務全集九　風俗・性犯罪』では、性犯罪で性的意図を立証するためには、妻帯の有無や犯行当時の性交渉等の状況を具体的に聴取すべきであると述べられている。[25] 犯行当時に性交渉がなければ被疑者は性的欲求不満状態にあるとされ、性欲を満たしたいという性的意図が立証出来るというわけである。

以上のように、これらテキストに言及された性欲についての取調べ内容は、性犯罪は性欲によって起こるという前提で記載されており、捜査機関には、性犯罪は本能としての性欲によって起こるという認識が共有されていると考えられる。

本書で扱った事例では、供述調書に記載された犯行動機は、Yの心情や関係者の供述とは異なっていても、取調官があらかじめ用意した性欲による強姦というストーリーに沿って、性欲の語によって構成されたものであった。しかし、それは本件の取調官個人の認識や判断というよりも、供述調書を確認した事件警察署捜査幹部や事件を送致した警察署長のみならず、捜査機関全体に共有されたものなのである。

また、以上の捜査参考書類は、一九九六年の警察の被害者対策要綱制定以前に刊行されたものである。これらの記載内容にある取調べが、本件の捜査においても行われていたことは、性犯罪被害者に対する警察の態度が変わった後も、加害者の犯行動機の捜査に関しては、何ら変化はなかったことを示している。

五　動機の語彙と付与

（一）動機の語彙

動機は、行為を駆動するものと定義されていることから、「その動機が、社会通念上犯行を決意させる程度のものとは考え難い場合、犯行そのものの実行すなわち犯行体験そのものに疑いが向けられる[26]」こともある。いわば、動機の存在が犯罪行為の語りの正当性を担保するのである。だが、動機が行為を駆動するならば、被疑者の述べる動機が本当に行為を駆動したのであれば、社会通念上理解し難くとも、動機として認められるべきではないのだろうか。

後藤貞人は、「性犯罪における動機はまず例外なく情欲である」と断言しているが、その理由は「多くの場合判決で『欲望の赴くままに本件犯行にいたったものでその動機に酌量の余地はない』と指摘される」[27]からだという。刑事司法の理念上の目的は、「『個人の基本的人権の保障』を全うしつつ、『実体真実の発見』をはかること」[28]である。ここでいう「真実」とは、裁判において検察官や弁護人の活動を媒介として、証拠に基づいて裁判官によって形成される「事実」である。[29]刑事司法における真実とは、裁判を通して下された裁判官の判断、判決を指すのであって、事件を遡って分析・解明された事実ではないのである。したがって、後藤が極めて「正しく」指摘するように、刑事裁判で指標となるのは裁判官の判断であり、裁判官の判断を「真実」と呼ぶ以上、現在の刑事司法の性犯罪加害動機は性欲によるという知見が「真実」なのである。

一つの事件を調べ、被疑者の供述から導き出されるものが「動機」なのではなく、多くの裁判官がこれまで下してきた判決が、捜査によって目指すべき「動機」である。そのため、捜査においては、強姦行為の犯行動機は性欲を満たすためでなければならず、その立証のためには、被疑者や参考人の供述に矛盾があり、被疑者の意思に反してでも、半ば強引に動機を編んでいくのである。

表明された動機が認められるか否かの判断基準は、被疑者が内面を掘り下げて動機を表明しているか否かではなく、行為を駆動するに足ると社会通念上理解可能か否かであり、その判断基準は被疑者の外部にある。そして、刑事司法過程の最終的な判断者である裁判官が、その動機が行為を駆動したと判断出来るか否かによって、動機たり得るかが決定するのである。もし、被疑者の語る動機が、裁判官や、裁判官の心証をあてにしている警察官や検察官にとって理解しがたいものであった時、それは動機としては認められない。ここで動機は、犯行原因究明のために追及されるものではなく、犯罪行為を解釈し説明するものとして認識されている。

ここで思い出されるのが、C・W・ミルズによる議論である。ミルズによれば、動機とは、自己や他者がある行為を事後的に解釈し説明するために用いられる語彙である。[30] ミルズに倣えば、捜査機関が行う動機の立証は、裁判官の心証形成のためにあらかじめ用意された語彙によって、犯罪行為を解釈し説明することにより、犯罪行為の事実認定や量刑判断に寄与する作業だといえよう。

(二) 動機の付与

取調官にとって動機とは、その行為を駆動するに足ると裁判官が認めるであろう合理的な説明のことである。被疑者の語る動機が果たして動機たり得るかの判断基準は、行為者であり語り手である被疑者ではなく、裁判官にあり、その判断を取調官が先取りする。被疑者の語る動機が受け入れられるのは、取調官があらかじめ用意した動機に合致した時であり、逆に、被疑者の語る動機が合理的に犯罪行為の実行過程を説明していないと思われる時には、その動機は受け入れられず、取調官はあらかじめ準備した説明に同意することを要求する。被疑者の語る動機が受け入れられるか否かを問わず、動機は被疑者の外部にあり、取調官によって付与される。そして、刑事司法過程の最終的な判断者である裁判官が、その動機が行為を駆動したと判断出来るか否かによって、動機たり得るかが決定する。

しかし、これは考えてみれば奇妙なことである。論告で、検察官は以下のようにYの犯行動機を非難した。

被告人が犯行の原因として挙げる事情は、一般の社会生活で誰しも苦慮することのある個人的な事情であり、社会人としての自己責任において、当然対処し解決しなければならない事柄であって、被告人の行為をいささかも正当化するものでもなく、また、前記のごとき巧妙かつ残忍な一連の強姦行為を肯定し得るものとする事情にいささかもなり得ないことは明かで、結局、被告人のいうところは、職場あるいは家庭でのストレスからの逃避に過ぎない。

ここで検察官が非難しているのは、ストレスを適切に解消できなかったことと、性欲を他の方法で解消できたにもかかわらず、それをしなかったことであった。だが、こうした強姦に至る「物語」は、はじめからいわばひな型のようにして存在していた。「物語」は、刑事司法によってあらかじめ用意されていたのであって、取調官はそれに則って取調べを行い、Yもその文脈に沿って取調官の期待に適うよう供述したまでである。つまり、刑事司法の当事者たちは、自分たちが作り上げた物語に事件を当てはめて、その物語の陳腐さを自分たちで批判し、加害者を糾弾し、処罰を与えているのである。

おわりに

刑事司法は、犯罪の事実認定と処罰決定に限定されたシステムであり、犯罪の「原因」を究明することが目的ではない。しかし、一般には、当事者、特に加害者に接近することは容易でなく、捜査の過程でどのような作業が行われているのかを知ることさえ困難である。いわば「なぜ」の究明作業は、刑事司法が独占しているといってもよく、ここで生産される言説は、絶対的なものとして受け取られる。

強姦は男性に普遍の「性欲という本能」によって起こるとする知見は、全ての男性を潜在的な強姦者とみなし、行為者の加害性を薄め、被害者を抑圧し、性暴力を容認する言説として働く「強姦神話」である。刑事司法が、強姦は性欲によって起こるという知見に則り動機の先取りをした上で、その語彙によって行為者の供述を編み上げ、裁判によって決定することは、この「神話」を、刑事司法が生成し、強化し、広めているのと同義なのである。

また、「強姦の被害にあった女性に対して常にといってよい位、その女性の不注意や過失が指摘されるが、強姦されないように女性が注意をしなければならないということは男性はおよそ強姦する性であることを前提にしてはじめていえることである[31]」と角田由紀子が述べるように、加害行為の原因をめぐる認識は、刑事司法を支配している被害女性の落ち度や注意義務を問う姿勢と表裏一体なのである。

註

（1）高田卓爾「第三一七条　証拠裁判主義」高田卓爾・鈴木茂嗣編『新・判例コンメンタール　刑事訴訟法四　第一審（二）　三一七条―三五〇条』一九九五年　三省堂　六―七頁

（2）書簡や面会記録、日記の引用について記しておく。書簡は、Yが発信したものについては筆者が受信した日を書き入れて（2／6　受信）と記し、筆者が発信したものは発信日を入れて（6／6　発信）と記す。面会については、面会日を入れて（6／5　面会）と記す。面会及び手紙は、いずれも二〇〇二年のものである。Yが警察署の留置場で書き記していた日記は、記載されている日付を入れて（10／5　日記）と記す。日記は、二〇〇一年のものである。この引用の記載法は、三、四章も同様である。

（3）刑事訴訟法第五三条及び刑事確定訴訟記録法第四条による。引用に際しては、筆者の判断により、省略した部分がある。

Yは、調査の内容が公表されることを了承しており、事件が新聞の第一面に掲載されるほど大きく報道されたこともあり、発表された研究成果から個人が特定される可能性があることも承知していた。

（4）しかし、動機についてのこうした見解が、刑事司法を離れても一般的であるとはいえない。精神科医の宮地尚子は「法的手続きは、因果関係をはっきりさせようとし、動機をはっきりさせようとし、証拠をはっきり示そうとする。これは、精神科臨床とは相容れない流れである。人の心はそれほど単純に、直線的に動くものではない」といい、刑事裁判で述べられる犯行「動機」に疑問を呈する。（宮地尚子『トラウマの医療人

類学』二〇〇五年　みすず書房　二一四頁）

（5）栗田啓二監修・木下貴司『三段対照式　捜査書類作成の基礎①　供述調書編』一九九一年　東京法令出版　二二三頁

（6）ある強姦未遂加害者は、公判で、供述調書に「セックスが好きだから（引用者注：強姦しようとした）と書かれていることは心外」であると述べ、供述調書に書かれている動機に違和感を示した。（京都地方裁判所平成一四年（わ）第一七六八号　強姦未遂事件）

（7）本書における供述調書からの引用は、元になった供述調書の記載方法に則っている。捜査書類では、重要な部分を、行替えや文頭を空けるなどして、視覚的に強調する記載方法がとられる。

（8）Yは、筆者に対して「（引用者注：義母と）同居してから二階で寝ていた私は（引用者注：妻からセックスを）求められても断った事もしばしばあり、その間性行為はなかった事も（引用者注：妻が自分に不信感を抱いていたことに）関係しているかもしれない。でも私自身は欲求不満に感じる事はなかった」（6／29受信）と述べており、Yの方が性交渉に消極的であったという妻の供述調書の内容と合致する。

（9）たとえば、「本能のまま動いていましたので、服を脱がせた詳しい状況は記憶に残っていません」といった記述。

（10）「以前誰かにも『何故、風俗は考えなかったのか?』と聞かれ驚いた事があります。本当に全く考えていなかったのです」（7／25　受信）

（11）Yの父親は、婚姻関係にある者には性交の義務があり、Yの性欲は妻との性交で解消されるはず（べき）であるとの前提から、Yが結婚しているにもかかわらず強姦事件を起こした理由が分からないと、筆者に語った。こうした視点には、夫の性欲を解消、あるいは満足させることが出来なかったYの妻を、間接的な加害者としてみなしてしまう危険があろう。

(12) 本件では、取調べにあたった検察官と、公判を担当する検察官は異なる。また、公判を担当する検察官は、第三回公判から変更されている。

(13) しかし、本能に支配されているはずの動物のオスが、強姦ではなく、求愛行動を経てメスに選ばれることで交配が可能になることを考えれば、動物的であることは、強姦からはもっとも遠いことであるように思われる。

(14) 浜田寿美男『自白の研究――取調べる者と取調べられる者の心的構図』一九九二年　三一書房、守屋克彦『自白の分析と評価――自白調書の信用性の研究』一九八八年　勁草書房、渡辺修編著『刑事手続の最前線』一九九六年　三省堂

(15) 捜査実務研究会編著『新版　供述調書記載要領』二〇〇三年　立花書房　八六頁

(16) 取調べが行われていた時期のYの日記には、取調べの苦しさが記され、「今日は一日中取調べがあった。今日と明日で事件の調書を仕上げると言っていた。あの時の自分を思い出したくない」(10／9　日記)、「思い出したくないが思い出して自分がしでかしたことに結着(ママ)を付けなければならない。そして、つぐなわなければならない。だがつらい」(10／18　日記)と、事件想起の苦痛が繰り返し書かれている。

(17) 「被疑者の供述を調書に録取するかどうかは、法律上取調べをする者の自由である」(司法研修所検察教官室・警察大学校刑事教養部編著『捜査書類全集〔第一巻・証拠法〕』一九九三年　立花書房　四七頁)

(18) 他にも、以下。

「乳房とか性器その他の部分ははっきり憶えていません。ですがそれ以上に顔が全くないのです。お互いずっと見ている筈なのに全然顔がない。被害者もそうなのでしょうか?・」(8／1　受信)

「何よりも私が一番おかしいと思うのはどう掘り下げても被害者の顔が思い出せない(泣き顔には輪郭がないのです)絶対に顔を見ている筈なのに、と思うのです。単に思い出したくないだけなのか、何かがブロッ

クしているのか、写真を見せられてもピンとこなかった。誰一人ピンとこないのです。これだけは自分なりに理由が思いつかず正直焦ります。他の加害者もこんなものなのでしょうか、教えて下さい」(6／4　受信)
「被害者の似顔絵を見せて貰ったんですけど、誰が見てもこれは自分だろ、っていうくらい(笑)似ていて。それくらい、(引用者注：被害者は)見てたのに、覚えてるのに(引用者注：自分は覚えていない)」(8／8　面会)

(19)「供述調書はあくまでも捜査官が取調べした要旨を作成するものである」(捜査実務研究会編著『新版　供述調書記載要領』二〇〇三年　立花書房　八七頁)、「調書は作成者の文章であるから、供述者の言葉そのものを記載する必要はない」(同書　九四頁)

(20)「昇任試験受験対策　新論文問題と答案　刑事」『Keisatsu koron』二〇〇三年　五八巻五号　一六一頁

(21)警察庁刑事局編『記載要領　新版　捜査書類基本書式例』一九九四年　立花書房　七二頁

(22)綱川政雄『被疑者の取調技術』一九八六年　立花書房　五三頁

(23)『否認事件の捜査　研修生課題研究報告第六五号』一九七四年　警察大学校特別捜査幹部研修所　四二頁

(24)今村義正「取調べとその技術(七)」『捜査研究』一九六七年　一六巻六号　八四頁

(25)藤永幸治編集代表『シリーズ捜査実務全集九　風俗・性犯罪』一九九六年　東京法令出版　六七頁

(26)守屋克彦『自白の分析と評価——自白調書の信用性の研究』一九八八年　勁草書房　三一三頁

(27)後藤貞人「性犯罪における情状弁護」『季刊刑事弁護』二〇〇三年　三五号　八一頁

(28)土本武司「捜査」渥美東洋編『刑事訴訟法』一九九六年　青林書院　四九頁

(29)村山眞維「現代社会と検察・弁護・裁判」宮澤浩一・藤本哲也・加藤久雄編『犯罪学』一九九五年　青林書院　二五一頁

(30)ミルズ、チャールズ・ライト、田中義久訳「状況化された行為と動機の語彙」青井和夫・本間康平監訳『権

力・政治・民衆』一九七一年　みすず書房

（31）角田由紀子「弁護始末記——強姦被害者に注意義務はない」『時の法令』一九九三年　一四五三号　五八頁

三章　加害性の追及

はじめに

刑事裁判では、「懲役三年」「罰金五〇万円」といった、被告人の刑を決定する量刑が行われる。強姦罪の量刑事情によれば、刑の軽減ファクターは、①被害者に落ち度があること、②被告人が年若く前途有望な青年であること、③衝動的な行動であること、④示談が成立していることであり、加重ファクターは、①被害者が処女あるいはいたいけな少女、幼児であること、②犯行が計画的であること、③行為が残虐なものであること等である[1]。したがって、公判においては、弁護人は軽減ファクターを、厳罰を求める立場の検察官は加重ファクターを、それぞれ立証することになる。

本事件の公判では強姦事件の事実関係については争いがなかったため、検察官が提出した証拠が全て採用された。このことは、警察・検察が行った捜査、とりわけ取調官が作成した供述調書の内容がそのまま「真実」として確定することを意味している。公判では、取調べで証拠化されたものに加えて、求刑を担う検察官によって、被告人Yの加害行為がいかに悪質であり、Yには厳罰が必要かが主張された。本章では、検察官が公判廷で行ったYの加害性の追及、及び、証拠として提出されたYの供述調書を元に、刑事司法過程で強姦行為の何が加害性としてみなされ、どのように追及されているのかを見ていく。

一　加害者の悪質さ

(一)　性的嗜好の異常さ

Yは強姦を行った際、複数の被害者に対して、あらかじめ準備しておいたカメラで被害者の写真を撮影し、「警察に言ったら写真をばらまく」と告げて「口封じ」を行っている。その行為について公判の被告人質問で検察官は、以下のように追及した。

検察官：法廷に出さないけれど写真を撮ってますね。

Y：たくさん。(泣く)

検察官：どんな気持ちなんですか。

Y：相手の人格を認めない、自分のことしか考えない、犯罪者の心理です。

検察官：撮ること自体で興奮する、コレクションして楽しむ。

Y：最初は見ようと思いました。でも見れない。

検察官：処分しなかったのはどうしてですか。

Y：捨てられなかった。

検察官：切り刻むとか燃やすことはできた。

Y：はい。でも何故か、怖いけど何故か捨てられなかった。

検察官：実際に奥さんに見つかってるでしょ。それでも捨てられないんですか。

Y：はい、いつでも捨てられると。

検察官：相手の女性を脅迫しようとは。

Y：何かを要求したり、また、同じことをするということですか。

検察官：ばらまくといったでしょう。

Y：言いましたが意思はないです。

ここで、写真撮影は、強姦行為の残忍さや異常さ、Y自身の性質、特に性的嗜好に関わるものとして扱われている。[2] 検察官は、Yの行為には女性の裸体や強姦場面を撮影すること自体や写真の収集に目的があり、それがYの異常性や若い女性の肉体への執着心を表しているとの前提で、写真撮影の目的を尋ねている。また、その写真の公表を取引材料として更なる強姦や金品を要求するといった、脅迫を行う可能性を問うている。性的異常さと新たな脅迫の可能性の二点について、Yから検察官の思惑通りの供述を引き出せれば、Yが写真を用いて被害者の被害申告を妨害しようとした「口封じ」以上の悪質性が問えると検察官は考えたことが窺える。

被告人質問でも言及されているが、Yの妻は、これらの写真をYが逮捕される前に発見しており、浮気相手を撮影したものではないかと思い、Yを詰問している。Yは妻に、写真はある事件の証拠品で、職場から持ち帰ったものだと説明したという。妻が写真を発見した経緯は以下のように供述調書に記載されている。

> 通勤に使っている、黒色ビジネスバッグの中に入っていた黒色の小物入れから、女性の裸を撮ったポラロイド写真数枚を私が見つけました。
>
> 女性の裸の写真といっても、裸体だけでない女性の局部を撮影したもの等、思わず目を覆いたくなるようなグロテスクなものでした。

女性の性器が「思わず目を覆いたくなるようなグロテスクなもの」と表現され、そうした写真を好んで持ち帰ったYの行動を、妻ですら不快に思った様子が書かれており、Yの嗜好の異常さを強調するものとなっている。[3]

(二)「口封じ」

押収されたポラロイド写真は、最初の強姦事件で撮影されたもので、警察によって発見された際、封筒に入れられその上からガムテープが巻かれた状態で、Yが所有する車のダッシュボードに放置されていた。二度目の強姦事件では、Yはポラロイドカメラではなく、使い捨てのフィルム式インスタントカメラで撮影を行った。

写真を撮っても見ない事が理解できたので、その後の犯行には使い捨てカメラを使おうと考えました。それで充分だと考えたのです。(中略)コレクションというのはありません。それをするならば私は使い捨てカメラでは撮りません。現像もプリントも出来ませんから。

(7/18 受信)

仮に、使い捨てカメラで撮影したものを見たり、まして写真として手もとに残そうと思えば、フィルムを現像に出す必要があり、そこから犯行が発覚するおそれがある。したがって、二度目の撮影に使い捨てカメラを使ったということは、その写真を見たり収集することが目的ではなく、被害状況を撮影したという事実を被害者に知らしめることが目的であったと考えられる[4]。Yは最初の強姦で、写真を撮る行為だけで被害者に口封じができるという確信を持ち、以後の事件では、使い捨てカメラを使用した。Yは事件を通して「学習」し、強姦に至るまでの行為をいわば「精錬」させていったのである。

この他にも、Yは被害者の免許証を探しだし、身元をYが知っていることを被害者に知らしめるため、名前などを読み上げた上で警察に届ければ被害事実を公表することをほのめかす、という「口封じ」も行っている。そうしたYの行為を検察官は論告の中で以下のように断じた。

被告人は、強姦に際し、被害者らの面前で同女らの運転免許証等でわざわざ同女らの身元を確認して見せ、被害者らの顔をネクタイやアイマスクで目隠しし、強姦の状況を撮影された同女らに対し、「警察に届けたら、写真をばらまくぞ。」などと申し向けて、自身が警察官でありながら、警察関係機関への被害通報を阻止しようとしていたものであって、その犯行に際して、被害者らの弱みにつけ込んだ卑劣極まりない証拠隠蔽工作を施したものであり、本件犯行の態様は限りなく悪質である。

Yが被害通報を妨害するために行った数々の行為が隠蔽工作と称され、法令を遵守すべき警察官にあるまじき行為であるとして、Yの立場にも言及されたものとなっている。ここでは、写真撮影という行為は、「口封じ」との関連で取り上げられ、通報を阻止することで事件の発覚を回避し逮捕を逃れる「手段」としてとりあげられている。

被害者が届け出るか否かの選択は、加害者によって自分の被害事実や写真が公表されるかもしれないという点によってのみなされるのではない。被害者にとっては、捜査機関に届け出ること自体が困難を伴うものであって、自分が性暴力被害に遭ったことを詳細に供述することは相当な苦痛である。Y自身も、被害者が届け出を忌避するこうした心理を十分に承知していた。

(引用者注：捜査や裁判で)被害経験を話すことは被害者にとって嫌なことだろうと。牧野さんは一〇〇人いて、一〇〇人に話せますか。恥ずかしいことだと思うし。(5／14 面会)

Yは、公的機関に届け出ること自体、性暴力被害者にとっては困難を伴うものであることを知った上で犯行に及んでおり、「口封じ」の手だてを取る／取らないという以前に、そもそも被害者は届け出られないという、被害者や女性一般に対する見くびりの上に彼の強姦は成立している。[5] 被害申告が被害者にとって苦痛であるとする理解には、強姦被害に遭ったことが知られることで、被害者が不利益を受けるというスティグマの存在が前提にある。Yが行った「口封じ」も、性暴力被害者へのスティグマを利用したものであり、Y自身、性暴力被害者は被害経験を口外できない「汚された」存在であるといった強烈なスティグマ意識を持っていた。[6] スティグマの存在を認めながら、その苦痛を見越して、スティグマを利用した強姦を行っている。

こうした、被害者のみならず女性一般に対する差別意識は、捜査・裁判を通して全く追及されていない。先述した論告では、スティグマを利用した「口封じ」の手段を講じたことが、自分の人相が目撃されるのを防ぐために被害者に目隠しをしたことと同列で取り上げられており、通報を妨害する、自身の犯行を隠蔽しようとしたことの悪質さとして指摘されているだけである。

（三）脅迫の手段

Ｙは被害者の一人に対し、架空の物語を作り、自分は暴力団関係者だと偽って被害者を脅し、強姦を行った。以下は、供述調書に記載された該当部分である。

その脅すストーリーとは

自分があたかも暴力団関係者であるかの様に装い
若い女性であれば現在、あるいは過去に付きあった
彼の一人や二人はいるだろう
その彼が暴力団の親分の女に手を出してしまいその
復讐に親分の命令でやってきている、復讐をやり遂げないと自分も制裁を加えられる、
それでやってきた

というふうに脅し、強姦しようと前もって考えていたのです。

私はとにかく低く押し殺した声で女性に対し、一言一句完璧に覚えていませんが
お前と以前付きあっていた彼が俺のオヤジの女に手を出した。それでオヤジがすごく
怒っている。ここに女に手を出した男の女が住んでいるからその女を襲ってこいと言

われた。

こんなことはしたくないが、しないと自分も指をつめられるという様な事を言葉巧みに言って脅しました。(7)

暴力団関係者をかたってもっともらしく振る舞い強姦を行ったことについて、公判で検察官は「暴力団関係者を装い、『姉さんがお前の前の彼氏から妊娠させられオヤジさんが怒っている。言うことをきかんと命の保障はない。』などと申し向けて被害者らを脅迫するなど、被告人は、強姦の目的を達成するため、およそ考えられる限りの暴行脅迫を駆使して被害者らの抵抗を抑圧した」と糾弾した。そこでは、Yが暴力団関係者を装ったことで被害者を恐怖に陥らせ、何をされるか分からないと思わせて被害者の抵抗を抑圧したことが悪質であるとして指摘されている。Yの語った物語の中でも、被害者を恐怖に陥らせる暴力団関係者を装ったことが、悪質だというのである。

しかしこの物語には別の問題が潜んでいる。Yの作り上げた物語は、女性は男性の所有物であるという、女性を一人の人間として尊重しない、女性に対する差別意識に根ざしている。捜査・裁判ではこうした女性に対する差別意識については一切追及されておらず、外面的な事象を取り上げることに終始されている。

二　被害者の貶め

(一)　スティグマの付与

検察官は論告で、被害者の受けた被害性を以下のように述べた。

本件の強姦被害者らは、いずれも、近い将来、妻となり、母となるはずの若い女性たちであり、ささやかに生活していながらその夢を打ち砕かれ、将来にわたって生涯忘れることのできない大きな傷を負わされたものであって、被害者らの受けた精神的及び肉体的苦痛は計り知れない程重大

加害者Yの悪質さを強調するために、被害者の受けた「傷」がどれほどまでに大きいものかを述べている部分である。そのために検察官は被害者の「妻となり、母となる」という夢を持ち出し、強姦によって「その夢を打ち砕かれた」と、強姦が被害者の人生にもたらす結果の重大性を強調する。

ここで注意しなければならないのは、どの被害者にもそのような発言が一切見られないことである。(8) 裁判の証拠として提出された書面にそれらの文言、あるいは内容が書かれていないという

ことは、論告の内容は、検察官が被害者の訴えを法廷で代弁したものではないということである。加えて、加害者の供述調書にもこうした記述はなく、公判でも検察官から質問されていない。したがってこれらのことは被害者ではなく検察官の考えだということになる。

その考えとは、女性は「近い将来」妻となり母となるものであり、それを女性は夢見るべきであって、しかし、一度強姦されたならばその資格を失うというものである。一方的な女性像の強要が行われている上に、強姦されれば妻や母となれないと、断じている。法廷で被害者は、本人たちの思いとは別に、このようなスティグマを付与されるのである。この検察官の主張をまとめるならば、被害者は強姦されたことで妻となり母となることが出来なくなったことが、Yの加害性の本質だ、ということになる。これは、強姦されたことが周囲に知れ渡れば、被害者の名誉が傷つき、婚姻の障害になるという、旧来の価値観をそのまま引き継いだものである。

たしかに、結婚への不安を語る強姦被害者は少なくない[9]。性暴力被害者自身が、スティグマを内面化しており、それによって苦しんでいることは事実であろう。また、性暴力被害者に対するスティグマを利用して「口封じ」を行ったYの行為は極めて悪質であり、その悪質さを公判廷で追及することは重要である。だがそのことと、新たにスティグマを作り出し、法廷で被害者にそのスティグマを付与する行為は、全く別のものである。加藤秀一は、性暴力行為が被害者の心理に与える影響を「屈辱」、社会的規範に基づく効果を「辱め」として区別し、「肉体の濫用に対する直接的な取締や刑罰と、法廷闘争や啓蒙活動を通じて『辱め』の背後にある規範を無効化してゆくという作業が、いずれも等しく不可欠な二重の実践でなければならない[10]」と述べる。しかし、実際の法廷で行われているのは、法がその規範を解体するどころか、再生産して被害者に付与し、「辱め」を生む規範を更に強固なものにしていく作業である。

裁判で行われている加害者に厳罰を要求するための戦略は、被害者を貶めることで相対的に加害者の悪質さを際だたせるというものであり、それは、被害者を「辱め」ることで成立している。検察官は、被害者への更なるスティグマの付与を、被告人の悪性を示す「道具」として使用したのである。これは、法による性犯罪被害者の抑圧である。

Yをはじめとして、多くの性暴力加害者は、犯行に際し、スティグマを被害申告をさせない力として利用している。ある強盗強姦事件で、犯行時に被害者の顔写真を撮影し、被害申告をすれば裁判員が写真を見ることになると脅して口封じをしようとしたことが報道された[11]。加害者は、裁判員制度すら、被害者の恐怖心をあおるものとして犯行に利用するのである。

加害者にとって法制度のリアリティは、自分の犯行が明るみに出て裁判にかけられることや、被害者に共感的な裁判員に裁かれ、厳罰に処せられるかもしれないといった犯行を抑止するものとしてあるのではなく、被害者の口封じに使えば犯行が隠蔽できるというところにある。加害者にとっての法は、刑罰への恐れから自身の犯行を思いとどまらせるものではなく、むしろ、その抜け道や利用を教えるものなのである。そこでは、法は犯行を行うに際して有利となる道具として、加害者に都合よく「利用」されている。このような状況であるにもかかわらず、公判の言説によってスティグマが再生産され強化されることは、加害者が利用可能な「資源」を法が提供しているのと同じなのである。

(二) 女性所有の思想

Yは、ある被害者に対して、彼女に恋人がいることを知った上で、強姦を行った[12]。それについて検察官は、「同女らに恋人がいるのを聞き出した後も、それを承知の上で強姦し(中略)犯行を遂げたものであって、被害者らの受けた肉体的、精神的苦痛は筆舌に尽くし難いものがある」として、恋人がいることを知りながら強姦したことは、そうでない場合よりも悪質であるという論旨で、Yの悪質さを主張した。何故、被害者に恋人がおり、そのことを知って強姦することが、恋人の存在を知らずに強姦することよりも悪質だと判断されるのだろうか[13]。

また、Yは、検察官の取調べで、「妻やあるいは妹達が同じような被害に遭ったらどんな気持ちになるか」を質問されている。ここには、そうした想像力が事件時に働かなかったことを追及するとともに、被害の重大さを自分に引きつけて考えさせようという検察官の意図が見える。二章で触れたように、この取調べでは、性的欲求不満によって強姦が起こったという前提で、事件前に買春によって性的欲求不満を解消しなかったことが問われていたのであった。そこでは、買春行為が肯定されているばかりか、買春の相手になる女性は一方的な欲求の捌け口になってもかまわないと女性が分断されている。その上で身内の女性が強姦被害に遭うことを想像させることは、「自己所有の女性／その他の女性」という男性側の価値観によって女性を区別し、自分に所属している女性が強姦被害に遭ったとしたらどう思うかを問うていることになる。Yはこの質問に対して、「そのような犯人はたとえ殺されても当然だと思います」と答えたが、被害者の恋人に対する共感を引き出したところで、そこにある共感とは、被害者ではなく、自分の所有する女性を強姦された男性への共感、すなわち、同じ立場に置かれた男性に対する共感でしかない。実際には、家族や恋人は、必ずしも被害者と立場や感情を共有しておらず、時にはかえって被害者を傷つけるばかりか、他の性暴力被害者を抑圧することもある。

犯罪被害者が置かれている問題を社会に問いかけた「光市母子殺害事件」の被害者遺族・本村洋は、手記の中で、妻が殺害されたのは、彼女が自分に対する愛を貫くため死の恐怖にも打ち勝って強姦犯に抵抗したからであると書く。[14]

女性は襲われたとき、自分の命を守るために、陵辱に甘んじてしまうことがあると何かで読んだことがあります。「激しく抵抗し続けて殺されるくらいなら……」と頭で考えて抵抗を止めてしまうのではなく、死への本能的な恐怖が抵抗をやめさせるらしいのです。

しかし、死への本能的な恐怖すら乗り越えて、弥生は激しい抵抗を止めなかった。最後の最後まで凄絶に拒否し続けた……。そして、その懸命の拒絶によって命を失ってしまった。

弥生は私を心から愛してくれていました。だからこそ、犯人に対して最後まで必死に抵抗したのに違いありません。弥生は私以外の男に体を汚されることを、命を賭して拒絶したのです。最後まで、私への愛を貫く道を選んでくれたのです。たとえ自分の命を落とすことになっても、必死で弥生は抵抗し続けたのです。
妻はそういう潔癖な女性でした[15]。

本村の手記は、妻と子どもの死を受け入れて生きていくために必要な「物語」であり、刑事手続きやマスコミ報道によって客体化された妻と子どもを主体化したい、という思いに支えられたものだ。二人称の死を受け入れるための語りとして表出されている故に、この発言は共感して聴くべき語りとして、無条件にあるいは無批判に受け入れられてしまう。

だが、自分への愛情ゆえに抵抗をし続けたという語りは、抵抗の度合いによって、被害者の同意の有無を判断し犯罪に該当するか否かを決めるという、被害者の実情とはかけ離れた、これまで刑事司法が行ってきた価値判断そのものである。そして、貞操を重要視し、パートナーに対する貞操観念が死をも恐れない強い抵抗となって表れたとする解釈は、抵抗の度合いによってパートナーに対する愛情を測るような、他の性暴力被害者の抑圧として作用する。恋人や夫の主張は、彼らに都合よく解釈されており、被害者自身が感じている被害性を代弁するものではないのである。

先に、女は男の所有物であるとするYの差別的な意識は裁判を通して全く追及されていないことを述べたが、ここで明らかになるのは、まさに加害者Yの価値観を検察官が共有しているということである。これは追及されないのも当然である。刑事司法は、女性を抑圧している差別性を解体するのではなく、その価値観に依拠して加害者を糾弾しながら、同時に被害者をも男性の所有物に貶めているのである。

Yが暴力団関係者を装って被害者を脅した「物語」も、女性に性暴力を行うことはその女性を所有する男性に対する攻撃になるという前提で作られている。だから、相手の男性に報復するため、その女性を強姦するという論理が成立するのである。そこに、Yの差別性が見て取れるが、取調べや公判で「物語」の差別性は一切追及されなかった。検察官の悪質性追及の論理を見ても分かるように、刑事司法の論理が女性は男性の所有物であるという、Yの作った物語と同じ価値観に依っているため、その悪質さを追及できないのである[16]。

(三) わいせつ性

Yが強姦中に被害者の写真撮影をした時の状況を記載した供述調書には、女性の裸体や写真が「ひわい」で「はずかしい」ものであるという記述が繰り返されている。

それに私は、女性を犯すところを
女性のはずかしい格好　　裸体

をインスタントカメラで写真を撮りましたし、当然女性もその事は判っていたはずですから
　この写真をばらまくぞ
という様な事も言って脅しています。

カメラで被害者の女性を強姦する状況を撮影しようとしたのは
　あくまでも　女性を恐怖に追い込み
　ひょっとすれば　自分のひわいな裸体が映っ
　た写真をばらまかれるかも
と思わせると警察への被害申告も考えるだろうと思ったからです。

　　女性を強姦する時のはずかしい
格好を写真を撮って脅すねたにしよう。

　強姦している状況、そして女性のはずかしい格好等を
私が写真撮影しております。

ガムテープでぐるぐる巻きにされた茶封筒に入った

若い女性の卑猥な写真7枚
を見せてもらいましたが、そうです
　　これが私が写した被害者の写真
です。

ここには、女性の裸体や強姦されている被害者の状態が、わいせつで「はずかしい」ものであるという認識がある。「ひわい」という語が示すように、その姿がみだらで見られてはならないものとして記載されている。見た者を恥ずかしくさせ、不快にさせるのである。

ここで、Yが撮影した写真について言及されているのは、公然わいせつ罪などの社会的法益を害する罪とされるものと同じわいせつ概念である。女性の裸体や性器などの写真を、恥ずかしいもの、卑猥なものとして扱い、それをばらまくということがそれを見た人たちにとって不快であり、或いは性的刺激を与えるものとして捉えられている。ここで言及されている被害性は、写真を撮影された女性のものではなく、見せつけられた人たちにとってのものである。押収された写真は、加害者の行った凶悪事件の記録ではなく、被害者が「みだらな女性」であったことを示す証拠物にすり替わってしまうのである。

かつて、「児童買春、児童ポルノに係る行為等の処罰及び児童の保護等に関する法律」の立法議論中、処罰対象をどのように定義するかが問題となった。「わいせつ」という文言を使用することは、捜査や裁判過程で、被害者がわいせつだったから被害に遭ったのだとか、被害によってわいせつな存在になったという事後的な意味の付与が行われ、被害者にわいせつ性が転嫁されるという危険性がある。「児童買春、児童ポルノに係る行為等の処罰及び児童の保護等に関する法律」では、子どもの権利を擁護する目的から、被害児童にネガティブな意味を付与する「みだら」「わいせつ」「卑わい」等の語が使用されなかった。議員秘書として同法の立案に携わった宇佐美昌伸は、「実際このような文言が採用されていたら、被害者であるべき子どもも『犯罪者』『非行少年』として扱うことに根拠を与えてしまうことになったかもしれない」と述べている。(17)宇佐美が指摘するように、本件のYの調書では、被害女性に加害のわいせつ性が転嫁されてしまい、彼女らが、恥ずかしいもの、見る者に恥ずかしさを感じさせるものとしてみなされている。そして、その写真のわいせつさを前提に、それを生産したとしてYの加害性が扱われている。

三　刑事裁判の目的

(一) 立件の要件

刑法第一七七条の強姦罪は、構成要件として暴行・脅迫の必要性が明記されており、その立証にあたっては被害者の抵抗の度合いが問題にされてきた。(18)近年は、性犯罪被害者の実情に沿って、被害者の恐怖心を全面に打ち出すことで抵抗が困難であったことが立証されることが多い。もっとも、被害者の主張する恐怖心が認められなければ、暴行・脅迫の存在を裏付けることは出来ないため、被害者が恐怖心から抵抗が出来なかったことの立証は十分に行われなければならない。

Yの供述調書では、「もう女性は完全に怖がっていると実感しました」「泣きながら怯えている女性を」「女性は怯えた声で」「怯えている赤の他人の若い女性を犯し」「女性はもう完全に怖がり大声も上げられない状態でした」「当然女性やいやがっていたし、いつの時点からか覚えていませんが怖がり泣いていたことも覚えています」と、被害者が抵抗などとうてい出来ないほど恐怖心を抱いていたことを加害者であるYも十分に認識していたことが、重ねて記載されている。構成要件については立法上の改善はされていないが、捜査現場における運用によって、これまで指摘されてきた、被害者の抵抗を立件の必須条件とする被害者に極めて不利な基準が、被害当事者の実情に沿ったものへと改善されたのである。

それでは、強姦罪の行為である姦淫については、どのような記述がされているのだろうか。

私はコンドームを装着すると[19]、欲望のままベッド上の全裸の女性に覆いかぶさり、最初は正常位の体位で

女性の足を開かせ

膣の中に自分の勃起したチンチン

を突っ込み犯しました。

他の被害者に対する記述も同様で、性器の挿入経過が書かれているだけで、その悪質さや、それによって何を侵害したのかには触れられていない。

また、Ｙは被害者に口腔性交を強いているが、それについても、行為事実が記録されているだけである。口腔性交は姦罪よりも法定刑の低い強制わいせつ罪に該当する行為であり、性犯罪として軽視されがちであるが、性暴力としての被害性はもとより被害者の食行動や健康に大きな影響を及ぼす。本事件の被害者の一人も、被害後に摂食障害と診断され、投薬治療を受けていることが公判でも言及された。それが、事件自体によるショックもさることながら、生命活動に不可欠な口腔という器官への襲撃によってより強く起こった可能性があるが、その追及は捜査・裁判ともにされていない。

立件のために必要な恐怖に関しては、構成要件を具備するよう、加害者の調書の中で詳細に繰り返し記載がされていた。だが、姦淫事実やその経過については、事実が書かれるのみで、加害性の追及はなされていない。すなわち、強姦事件の立件の要件が被害者の恐怖という被害者側の問題に収斂されていて、肝心の加害者の行為の意味するところが、全く興味の対象外とされているのである。

(二) 加害性追及の不在

Ｙの強姦事件として立件された四件中一件は未遂である。Ｙが部屋に侵入して強姦しようとした際、被害者が必死に抵抗し、Ｙがひるんだわずかな隙に逃げることができたのであった。その時の状況について、Ｙの供述調書では以下のように記載されている。

　私は一言一句全て覚えているわけではありませんが
　　おなかの中にあかちゃんがいる
　　要するに
　　妊娠している
という様な事を哀願される様に女性から言われた事をはっきり覚えています。
その様な言葉を聞いた私は、一瞬
　　妻の事が頭に浮かび
　　私も妻も子供が欲しくて欲しくて
たまらないのに病気のため、子供ができない状態で
何となくぎくしゃくした夫婦関係が続いている
今ここで私が襲っている女性は
子供を身ごもっているんだ
　私が襲った事で子供を流産させてしまったらどうしようと
情け心がわいてきて、女性を締め上げた腕の力をゆるめてしまったのです。

Yが自らの意思で実行為を中止したと読める記述である。ここには、Yの、被害者の体や子供に対する心遣いが描かれ、凶悪犯のなかにある「人間らしさ」や「正常さ」を感じさせるものとなっている。[20]しかし、被害者の調書からは、被害者が、叫んだり、Yの顔にキズを作るほど引っ掻く等して必死に抵抗したことによって、ようやく被害者がYから逃れられたことが窺えるのである。床に押さえつけられて首を絞められ、口をふさがれながらも、助けを求めて叫び、自由にならない腕でYを引っ掻き、とっさに機転を利かせて妊娠していないにもかかわらず赤ちゃんの話を持ち出してみる、そういう必死の抵抗を。[21]それにもかかわらず、Yの調書では、Yが自分の「情け心」から自発的に犯行を止めたことになっているのである。

また、供述調書の内容が「正しい」のだとすれば、不妊治療を受けており性行為を止められているのはY自身である。医師の指示に従うのならば、妻との性行為だけでなく、強姦もできなかったはずである。だが、子どもが欲しいのであれば、何故医師の指示に従えなかったのかということには全く触れられずに、子どもを欲しがっている妻と身ごもっている被害者を重ね合わせたYの人間らしさのみが強調されて描かれる。

ここでYが自ら「情け心」から犯行を中止したという記述は、Yがそのように供述したから、[22]取調官はその通りに書かざるを得なかったのだろうか。供述調書は、「普通は、供述者の供述を要旨として順序よく取調官が取り纏めて書くのが原則[23]」であり、供述者のモノローグとして書かれるものである。しかし、供述に疑問がある時や供述者が弁解をしているとみられるときには、供述の曖昧さや矛盾を追及するため、取り調べの状況を逐次記録し、取調官の問いと供述者の答えをその通りに記述する「問答体」と呼ばれる記載方法が適当であるとされている。「おなかに赤ちゃんがいるの」と被害者が言った言葉にYが手をゆるめたという部分は、供述者のモノローグとして書かれており、Yの供述に不自然さはないと取調官が判断したことが見て取れる。Yが自発的にこの行為を中止したと取調官が認めたから、このような供述調書の記述になっているのである。被害者の供述で明らかな、被害者の体を張った必死の行動や機転を利かせた発言によって被害を逃れることが出来た事実も、取調官は、加害者の「情け心」による自発的な行為の中止として捉えており、被害者の抵抗によるものだとみなしていない。取調官は、Yに対して、その悪質さを追及すると言うよりは、Yに共感的に取り調べを行い、証拠書類を作成していると受け取れるのである。

(三)　加害者の取調べとその影響

一般に、取調べは、取調官が供述者の信頼を獲得することから始まる。取調官が供述者に親身に共感的になることで供述者の心を開かせ、供述を引き出すのである。本件では、Yを担当した男性取調官は、取調べや雑談を通じて、Yと良好な人間関係を構築し、その上で供述を引き出そうとしていた。時には、警察内部の情報を教える事で秘密を共有して視密な関係を作り[24]、刑の不安におびえるYを刑の軽い事例を引き合いに出してなだめすかして取調べを行い[25]、「被害者より、お前の方が立ち直るのは遅いんじゃないか？」と言ってYの置かれている状況に理解を示しているそぶりを見せる。[26]Yはこうした取調官の態度から、「取調官は良い刑事だと思った」（8／1 受信）「こんな事をおぎなって余りある程その刑事は私を理解しようとしていた（調書に書かなくても）、私を立て直そうとしていた（責任問題もあったと思いますが）、それが単に口だけではないのは理解できたのです」（9／14 受信）「今日Hさんが力説してくれた。正直、大変な刑事に当ってしまったようだ。うれしかった」（10／26日記）と、取調官に信頼を寄せるのである。

どの取調べでも、各々の取調官は取調べ技術ともいえる手練手管を駆使しており、今回の取調べや取調官の方法が特別なのではない。これは供述者が被疑者でも被害者でも同じであり、取調官が女性であったとしても同様である。[27]加害者の取調べとは、加害者を追及して自供させるというよりも、親身になって加害者の心情を理解するように努めることで頑な態度を軟化させ、供述を引き出すものである。[28]取調官にとって、被疑者取調べの目的は、犯罪事実を立証できる供述を被疑者から得ることであり、そのためには、被疑者を自分に引きつけ、自分は被疑者の理解者であることを示そうとするのである。

刑事司法の立証活動は、犯罪事実、それも刑法に規定された構成要件を満たす事実の立証を目的としている。性暴力事件では同意の有無が問題になりやすく、立証は容易ではないと考えられており、一層犯罪事実の立証に力が注がれる。そのためにも、加害者から犯罪事実の供述を得る必要があり、加害者に共感的な取調べが行われてしまう。

『性犯罪被害にあうということ』の著者小林美佳は、これまでに何通か性犯罪加害者からの手紙を受け取っているという。それらを読んだ印象を、小林は「加害者の手紙には、定型があるんですよ」と語っている。

「被害者に取り返しのつかないことをした」「家族に迷惑をかけて、自分はすべてを失った」「この罪を一生抱えて、二度と繰り返さない」。必ず同じ文句が並んでいる。（中略）同じような言葉が並ぶ手紙に対して、私の返事も定型化していく。それで事足りる程度の反省かよ、と疑問を抱くようになりました。(29)

小林が指摘する定型化された謝罪文は、加害者の供述調書に酷似している。取調べで書かれた供述調書の文言が、加害者の謝罪文のひな型になっているかのようである。刑務所の受刑者からそのような手紙がくるのは、取調べ以後、より深く自らを反省する機会がなかったということであろう。また、取調官とのやりとりを通じて、この程度の事件の掘り下げや反省で許されるのだと思い(30)、それ以上の反省を行っていないのであろう。

加害者は取調べにおいてすら、事件に向き合うことを厭う(31)。検察官の古賀由紀子は、捜査官には「公判においても崩れることのない十分な捜査」のみならず、「被疑者を取調べで鋭意追及し、真の反省悔悟を迫」る覚悟が必要だと述べており、取調べとは立件に必要な供述を得るだけでなく、被疑者に反省を迫る場でもあるという[32]。しかし、実際には、取調べにおける加害性の追及は甘く、加害者にとっての反省の機会を、むしろ奪う結果となっているのである。性暴力加害者の「真の反省悔悟」は、どこで行われるのだろうか。

おわりに

刑事裁判の目的は、犯罪事実を立証し加害者に適切な処罰を受けさせることである。いくら被害者に配慮した刑事手続きを行っても、犯行が立証されず加害者の処罰がなされなければ、被害者が保護されたことにはならない。したがって、被害者保護のためにも、事件の立証に全力を注がねばならず、立件の要件を満たすべく、加害者の供述を引き出さなければならないのである。しかし、皮肉なことに、だからこそ、加害性は取調べにおいてその加害性を十分に追及されることがない。なぜなら、取調官が供述者に親身に共感的になることで、彼らからの信頼を獲得し、それによって供述が引き出されると考えられているからである。

取調べにおいて犯行の加害性が十分に追及されなくとも、公判では、求刑の根拠として被告人の行った行為の悪質さを主張する必要がある。加害者Yの悪質性は、性癖やヤクザを装って脅す残忍さ、警察官であるにもかかわらず被害者に口封じを行い摘発を逃れようとしたというような、強姦行為というよりも、本人に由来する性質として主張された。性暴力を可能にする、スティグマ認識や女性への差別性などは、加害者自身が十分に自覚して犯行に利用しているにもかかわらず、刑事司法は積極的に追及しない。したがって、強姦の加害性は加害者の取調べや公判における被告人質問では十分に主張できないため、加害者の悪質性を強調して厳罰を要求するためには、相対的に被害者を貶める戦略がとられることとなる。しかし、そこで主張される被害性は、女性所有の思想やスティグマといった、刑事司法が持っている差別性（ジェンダーバイアス）に立脚したものであった。

被害女性を貶めることで、相対的に加害者の悪質さを主張するという戦略は、被害者を保護しているように見えて、被告人を処罰するために被害者を道具として利用する行為である。その価値観は別の事件に利用され、新たな性暴力被害者を生むことになるのである。

註

（1）この他には、事件の社会的影響も考慮されるという。（萩原玉味「我が国における強姦罪の量刑事情と今後の課題――昭和四二年一月から平成九年一二月までの第一審判決を中心に」『明治学院論叢　法学研究』一九九九年　六三五号　一一二頁）

（2）本件の報道記事には、Yが強姦中に被害者を撮影していたことを取り上げて、「ハメ撮り」を好む性的異常さを強調したものがあった。

（3）この妻の供述調書は女性警察官によって作成されている。

（4）検察官が作成した供述調書にも、写真撮影は口封じ目的によるものであったことが記載されている。

「ポラロイドカメラは、女の子を強姦したりした際に裸の様子などを写して、口封じに使おうとしたのです」（検面調書）

（5）「私は、性暴力の被害者にその身を恥じさせ告発を抑制させることは、それ自体許しがたい性暴力であると考える。被害者が被害を受けたことを恥じなければならないように仕組むこの装置は、もっとも陰湿で許しがたい犯罪隠蔽装置である。けれどもその装置は今も根強く、性暴力犯罪者はその装置の作動を『あてにして』犯罪行為を行いうるのが現状である。『どうせ告発なんかできるわけがない。自分だって恥ずかしいことを言わなければならないのだから。』こうたかをくくれることが、性暴力犯罪を繰り返させるのである」（江原由美子『装置としての性支配』一九九五年　勁草書房　二二〇頁）

（6）Yのスティグマ認識については、四章で詳述する。

（7）この部分の引用・記載は、元になった供述調書の記載方法に則っている。供述調書では、重要な部分を、行替えや文頭を空けるなどして、視覚的に強調する記載方法がとられる。

（8）本件の公判担当検察官は、他の強制わいせつ事件や強姦未遂事件についいては、この様な内容の論告を行っておらず、本件で述べられたことは強姦された女性にのみ該当する価値観だと思われる。この検察官には性交、つまり、女性器に男性器が挿入されたことを以て、その女性の価値を一方的に引き下げているのである。ここには、「貞操」を強姦罪の保護法益と考える、旧来の男性中心主義的な価値観がある。

（9）樋口晴彦・脇田慶和「〈パネルディスカッション〉「女性警察官の現状と課題」の開催について」『警察学論集』一九九九年　五二巻六号　九五頁

（10）加藤秀一「性暴力の〈力〉はどこからくるのか――セクシュアリティと権力をめぐる断章」『現象学年報』二〇〇〇年　一六号　一四九―一五〇頁

（11）『朝日新聞』二〇一〇年五月一二日　朝刊　三五面

（12）女性に、部屋に男性と一緒に写った写真があったことから（中略）彼氏がいるのか等を聞いています。（供述調書）

（13）被害者の供述調書でも、「彼氏は、『信じられへん。（中略）（引用者注：加害者は）今まで何をしてきたんやろ』などと言っていました」「○○君は警察へ届けようと言いましたので（中略）それで、私は○○君の言うとおり、勇気を出して警察に届けようと思ったのです」「彼氏の○○君は、自分で犯人を捕まえてやりたい、犯人を見つけたら殺してやりたいなどと言っていました」と、恋人の存在を示唆する記述が随所に見られる。

（14）『知事のセクハラ　私の闘い』を著した田中萌子は、被害申告後、家族や恋人の行動に翻弄され、傷ついていく。（田中萌子『知事のセクハラ　私の闘い』二〇〇一年　角川書店）

（15）本村洋・弥生『天国からのラブレター』二〇〇〇年　新潮社　三七―三八頁

（16）「女に劣等市民の身分を命じている多くの性に関する法律は、男同士の間に平和を保ち、支配階級の中に内的団結を創り出すことによって、現実に、また何よりも先んじて、男の優越性を支えている。即ち、女は男の所有物であり、姦通、強姦、或る種の近親相姦は、その所有物の価値を破壊することによって、もしくは、私的かつ独占的な性的使用権という合法的で根の深い個人の権利を侵害し、男の完全性を蹂躙することによって、女の正当な持ち主を傷つけるのである。だから、規則に従うことで、男は、己れに従属する女を性的に独占使用し、女の性的使用に関する男同士の争いを引き起こさずにすむ。個々の男の所有権は、明確に輪廓づけられている。何故なら、男たちの共同体そのものの内側では、様々な関係はすべて、女を所有物と規定する法律によって、厳密に指図されているからである。男たちは、自分自身の女に対する己れの所有権が尊重されることを、強く求める。だからこそ、男は、無法状態よりも法の秩序を強く求めるのである（傍点：原文）」

（ドウォーキン、アンドレア、寺沢みずほ訳『インターコース――性的行為の政治学　新版』一九九八年青土社　二七三頁）

（17）宇佐美昌伸「「子ども買春・子どもポルノ禁止法」をどう考えるか――その背景・内容・課題」『現代文明学研究』二〇〇一年　四号　三四五頁

だが、立法理念とは裏腹に、「児童買春、児童ポルノに係る行為等の処罰及び児童の保護等に関する法律」違反によって、加害者が逮捕されたことを報じる新聞記事等には、「わいせつ」「みだら」といった文言によって加害行為が表記されることが多い。

「携帯電話の出会い系サイトで知り合った少女に現金を渡してわいせつな行為をしたとして」「現金数万円で男性会社員にみだらな行為をさせるなどした疑い」（『産経新聞』二〇〇四年六月一一日　朝刊大阪本社版一三面）

（18）「刑法第一七七条にいわゆる暴行又は脅迫は、被害者の抗拒を著しく困難ならしめる程度のものであることをもつて足りる」（最高裁判所判決　一九四九年五月一〇日『最高裁判所刑事判例集』三巻六号　七一一―七一四頁）

（19）森岡正博は、避妊について述べた文章の中で、強姦者は避妊をしないと断言している。

早い話が、自分が大切にしている女性の場合は、きちんと慎重に避妊をするだろうが、もしその男がどこかで見知らぬ女性をレイプするとしたら、はたして彼はコンドームをつけてからレイプするであろうか。まさか、そんなわけはない。レイプするときには、その相手の女性は、男にとって使い捨ての道具にしかすぎないのだから、どうしてコンドームをわざわざする必要があろうか。いままで、コンドームをしてレイプしたという実例がどのくらいあるだろう。もちろん私はデータをもっていないが、もしあったとしても、それは例外ではないだろうか。もし、男がコンドームをつけてレイプしたとすれば、それは、その女性から性感染症をうつされるのがいやでつけた場合であろう。

（森岡正博「男性から見た避妊」『インパクション』一九九七年　一〇五号　七八頁）

本稿で扱った事件のように、強姦においてコンドームを使用するケースは少なくない。膣内から採取された精液によって加害者が特定されることを恐れるからであったり、いわゆる「中出し」にこだわりがないからである。Ｙも、膣に一度は性器を挿入することと場所には関わらず射精することを満たせば、中出しにはこだわりがなかったと述べている。

「私は当時、『中出し』に目的や興味、こだわりは無かった。あったのは『弄び』、『膣内に挿入する』、『射精する』という事実行為だけだと思います」

（7／17　受信）

森岡は、自身の感覚を男性一般に拡大して、見知らぬ女性を強姦する際にコンドームは使用しないと言い切るのだが、強姦にはコンドームは使用されないという思いこみは、コンドームを使用した強姦事件を和姦とみなす危険性がある。

(20)　Ｙの事件を担当した弁護人は、供述調書のこの部分を読んで、被害者の体を思いやったこと、被害者を自分の妻と重ね合わせる共感性があること、そして何より自ら犯行を止めたことに、Ｙの人間らしい感覚が犯行中であっても残っていたことを感じたという。

（二〇〇二年二月八日　聞き取り）

(21)　被害者の抵抗によって未遂に終わったということは、他の被害者も抵抗していれば被害に遭わずにすんだということを意味しない。未遂事件では、犯行時間や場所、被害者の置かれていた状況、目撃者の存在等、被害者にとって様々な「幸運」が重なっていた。

（22）この部分についての、書面による筆者とYのやりとりは以下。

未遂に終わった事件で、被害者がとっさに「お腹に赤ちゃんがいる」と答え、子どもが欲しかった自分はその一言に反応し、手を緩め、結果未遂に終わった、という説明が調書ではなされていましたが、ちょっと腑に落ちないのと、奇麗すぎるカンジがしたのですね。覚えている範囲でいいですので、状況を教えて貰えませんか。

（9／19 発信）

私は子供が欲しかったと思っていたのは事実（理由は以前話した通りよくは分かっていません）、でもその事と「お腹に赤ちゃんがいるの」と結びつくかどうかは分かりません。でも被害者の発したその言葉ははっきり憶えています。正確には「お腹の中に赤ちゃんがいるの」です。

被害者を襲い静かにさせる為後ろにまわり腕を首にまわし、どちらかの手で口を押さえました。その時はどのように強姦しようとかまでは考えていなかったと思いましたので、被害者がさわいだ事に驚きました。でもこれ以上どうしようもない。どうしようと思っていたと思います。そして被害者は引っ掻いても来た。もみ合いにもなった。私が倒したのかバランスをくずしたのか被害者が下になっている、それでも引っ掻いてくる。でも逃がしたらダメだ、引っ掻かれてもダメだ、どちらかの手で被害者の首を押さえ逃がさず、引っ掻かれないようにしたが、「危ない」と思った。すぐに引き起こしたと思う。そして逃がさないように元の片腕を首にまわし、もう片方の手で口を押さえる。その間ずっと「どうしよう・どうしよう」と思っていたと思う。

その時に「お腹の中に赤ちゃんがいるの」と被害者が言った。その時の事はハッキリ覚えています、ショックでした。すぐに離さないといけないと思いました。でも自分も逃げないといけない。被害者に奥に逃げるように言いました。でも奥には逃げず逆の表へ逃げたので、私もあわてて逃げました。（9／28　受信）

Yの手紙からも、Yは被害者に対してかなりの暴行を加えており、被害者も出来る限りの抵抗をし、相当なもみ合いになっていることが窺える。ここで、「危ない」と思ったと書かれているのは、「お腹の中に赤ちゃんがいるの」と被害者が言ったとする記述の前である。つまり、ここで「危ない」のは、被害者の体（や胎児）ではなく、自分が被害者に引っ掻かれることであり、自分の顔に証拠が残ることであって、被害者への配慮ではない。

（23）捜査実務研究会編著『新版　供述調書記載要領』二〇〇三年　立花書房　一一二頁

（24）「ずいぶん前の看護婦殺人事件も私がやったと本部はにらんでいるという事は（引用者注：取調官から）言われた」（8／1　受信）

「被害者の（引用者注：供述に基づいて作成された）似顔絵を（引用者注：取調官から）見せてもらったんですけど、誰が見てもこれは自分だろ、っていうくらい、似ていて」（8／8　面会）

Y：思い出したのは……僕の取調官が講演したそうなんです。
筆者：こうえん？
Y：ええ。署の招集日の会議なんかで講演。
筆者：何について？
Y：僕の事件について。
筆者：へー。

Y：性欲によるものなのに、それを出す事が出来なかった、真っ白に出来なかった、って。
筆者：それ、誰から、聞いたの？
Y：本人から。取調官から。

（8／19 面会）

（25）「取調官」については、私より三〜四歳上の人で「私」を取調べるにはかなり若い人でしたが、ずっと刑事畑の人でした。（空白）性格は「男とは……」「負けてたまるか」「魂・命」タイプの人です。

でも若いので私と上にはさまれ苦労していたようですし、そんな人間味を刑事の武器として使う事も知っていた感じです。責任感は強いと思うので上や検事の言う事も無視できないタイプそうなので「ナンバープレート」の電話受や調書についてもものすごく中途半端になったのだと思います。当人も「捨ててると思った」事は知っていたけど調書には書けない、私もきっとそう言う事情があるのなら良いだろうと思った、むろんずるい所はあった、未遂はマスコミ対策とか「四年半の前例」を出して来たりとか、別にそんな事言わなくてもと半分あきれてはいた。こんな事をおぎなって余りある程その刑事は私を理解しようとしていた（調書に書かなくても）、私を立て直そうとしていた（責任問題もあったと思いますが）、それが単に口だけではないのは理解できたのです。（9／14 受信）

ここで、「四年半の前例」とは、以下に引用するように、取調官が、前に担当した強姦被疑者の刑が懲役四年半であったことをYに教えて、厳罰を恐れるYをなだめて取調べをしたことを指す。

私は今まで幸か不幸か、刑事や検事に、「民事を受けるつもりなら、たいした罪にはならない」「以前の事件例で連続強姦した男は四年半の実刑だった」「若いのだから充分やりなおしがきく」と言って、ひそかな希望を持たせてくれここまで来ましたが、フタを開けてみればこういう事です。

（8／29 受信）

(26)「公判が終わり部屋に帰って来た時にふと調べ官の言葉を思い出した
　被害者より、お前の方が立ち直るのは遅いんじゃないか？

　何故そんな事を言うのだろうか？　考えるべきは被害者、被害者から立ち直る女性達の為になるのなら加害者などその手段に使うべきものの筈、再犯や間違った選択さえしなければそれで良いのではないか、当時そう思っていた」　　(7／17　受信)

(27) 女性捜査員が女性被疑者に対して、親身に家族のように諭すことで心を開かせ供述を得、事件解決に貢献したとして、取調べにあたった女性捜査員が部内で表彰を受けたケースがある。「婦人警察官の特性を生かし、女性被疑者の心理を察しながら、人情の機微にふれ、時には強く、時には母を思う娘として、その心情を前面に出した温情ある取調べで犯行のすべてを自供させ、早期解決に導いた功績が認められた」(『日刊警察』一九九八年二月二五日　三面)

(28)「取調べにおいては、相手の立場に立って考えてみるということが最も肝要であり、このことこそ取調べの基本的な心構えといえる。この心構えを忘れたのでは、どんな優れた技術を駆使しようとも、真相を供述させることは困難というべきであろう。
　もっとも、取調べにおいては、カウンセリングと異なり、事と次第によっては、被疑者等に強い態度で臨まざるを得ない場面もあるが、その基底には被疑者の悩みに耳を傾け、何でも聞いてやろうという同情の気持ち(鬼面仏心)を持たなければならない。この心がなければ、被疑者等の信頼は得られないのであり、信頼のないところから真実の供述は期待できない」(梶木壽・寺脇一峰・稲川龍也編著『新捜査書類全集　第四巻　取調べ』二〇〇六年　立花書房　一二一—一二三頁)

(29) 小林美佳「許さなくていい」——苦しんだ末の私の結論」『婦人公論』二〇〇九年　九四巻七号　一三三—一三四頁

(30) Y自身も、警察や検察の取調べでは全てを話してはいないと述べた。「刑事に話していないこともあります。内面のことは話していないです。自分でふたをしてしまっているんですよ。怖いですから。でも、それじゃいけない。自分でもなぜやったのか知りたいんです」(2/6 面会)

(31) 「今日は一日中取調べがあった。今日と明日で事件の調書を仕上げると言っていた。あの時の自分を思い出したくない。別人のような自分だが、記憶があるからやっぱり自分だ」(10/9 日記)「昨日は再現があり、私の残忍さを実演してきました。カットカットの記憶があり、それを順序ずけてならべて行く、たりない部分もたくさんある、たんたんと実演していくうちにまた心が壊れそうな衝動が起きてくる、でもやらなくてはいけない」(10/13 日記)

(32) 古賀由紀子「検事の視点 第八回捜査・公判アラカルト 性犯罪の法定刑と量刑」『捜査研究』二〇〇六年 五五巻三号 一一五頁

四章　強姦加害者の語り

一　強姦以前

（一）父の存在

Ｙは中学校を卒業するまで、地方議員の父親、その仕事を手伝う母親及び姉二人と共に暮らしていた。彼は、男らしくて地元の人たちから頼られる父親を、男として「完璧」だと思い尊敬してきたという。物心ついた頃から、父親はＹにとって目標であり、Ｙの考え方や行動の指針であった。

私の行動、物事の判断基準は常に父親にありました。別に私だけが特別ではないと思いますが、私はより一層その思いが強かったと思います。私自身その判断基準が好きであり、事実社会を渡る上で非常に私に力を与えてくれた。（４／５　受信）

父親のYに対する教育方針は「一にも二にも男は強く生きなきゃいかん」[1]というものであった。Yは、尊敬する父親の教育方針通り、男は強くあらねばならないという価値観を育てていく。

Yは父親の勧め通り、全寮制の男子高校に進学した。父親に直接判断を仰ぐことが出来なくなったが、「こんな時父親ならばどうするだろうか」と考え、それに照らして行動した。Yはその判断基準を「内なる父」「内在する父」と呼ぶ。「一つの行動を起こすにも『内存(ママ)する父』にお伺いをたて」(5／4 受信)、その判断に従うのである。そうすれば、いつも正しい行動がとれると信じていた。「毎日がサバイバル」だった高校生活も、「『内なる父』がおおいに私を助けてくれた」(5／24 受信)のであった。

Yは、二代続く議員の長男として、幼い頃から父親の跡継ぎだと思われていた。Y自身は、自分は議員には向いていないと思っており、議員になりたくはなかったが、親や周囲の期待に背くわけにはいかない。そこで、高校生の時、父親が息子を人に誇れるような仕事を選べば、父親の顔を潰さずに、議員になることから逃げられるのではないかと考え、警察官を志望するようになったのだという。

私は進路に関して考えていた際、最初に考えたのは「父の跡は継ぎたくない、なら何か父が誇れるものを」ということだった。(5／24 受信)

警察官になることの「許し」を父親から受けたYは、[2]警察官の採用試験を複数受け、一九九一年にK県警察に採用される。議員にならずにすむ仕事という、いわば消極的な動機による職業選択であったが、そこでYは、警察という仕事に生き甲斐を見いだし始める。

警察は好き。色々疑問に思う事はあっても、自分という人間が目の前の人間を喜ばす事が出来た、何かの役に立った、それが仕事なのだと思える警察が好き。（7／12　受信）

Yは、父親を尊敬する一方、父親には敵わないと劣等感を感じてもいた。だからこそ、いつかは父親を超えたいと思っていた。

「父を超えたい」に関しましては、父は目標だったからです。（中略）自分流の父のような男になりたい、そして超えたのだと（引用者注：父に）認めてもらいたいと思っていました。（8／3　受信）

Yの行動や判断には、常に父親の存在があった。

（二）現実のままならなさ

Yは一九九八年にTと結婚し、官舎で二人暮らしを始める。Yは、妻を「精神的に『支える』、何かのアクシデントやトラブルから『守る』」（6／4 受信）ことが夫としての役割だと思っていた。そして、父親のように「礼を重じ(ママ)、頑張り屋、エネルギッシュ、いつも胸を張り、グチをこぼさず、やさしく、強く、それでいて誇示しない」（4／18 受信）夫であろうとした。

結婚の翌年に、妻の父親が自殺し、妻の母親が病気になると、妻は母親の世話でつきっきりになった。それまで笑顔が絶えなかった妻が、事ある毎に泣くようになり、Yは「妻を守る」という夫としての役割を果たせていないことを思い知らされる。

妻は辛いと泣いていた。でも義母が心配だと泣いていた。私は妻を守ってやれないのかと思った。（7／30 受信）

妻が泣いている姿を見てYが思うのは、「妻を守ってやれない」ということであった。妻が泣くことは、男としての強さがないという現実を突き付けられることであり、これまでの自信が揺らぎ、自分が否定されたように感じる。だから、「妻が泣くのを見るのは本当に嫌だった」（7／30 受信）。

Yは、二〇〇一年春、県庁所在地を管轄する警察署の警備課に配属された。これまでは、自分の仕事が人の役に立っているという実感を得られる部署にいたが、警備課では、業務の違いから、そうした実感が得られない。加えて、新しい仕事をなかなか覚えられず、上司との軋轢もあり、これまで培ってきた仕事上の自信も揺らぎ始めた。新人課員として雑務もこなさねばならず、毎日深夜まで仕事をし、心身共に疲れがたまっていく。その時のことを、Yは「猫に睨まれたねずみのように仕事をしていました。そして、うまくこなせない劣等感もありました」（4／18　受信）と述べている。

その頃、病気の義母との同居を始めたため、義母に気兼ねして気を休めることが出来ず、家にも居場所がないと感じていた。

職場でのトラブル、失敗がある度に受け流したりブロックしていたが、その当時は　どんどん入ってきた。追いつめた。でも無視した。理由は分からないし、今は変えられないと思っていたから、ただ疲れているんだとごまかしていた。こんなもの居場所に帰れば直る筈だ。でも帰れなかった。思い通りにならない自分や壁となる妻と義母との絆、に対し苛立ちが募っていったと思う。早く俺を休ませろと、当時自分以外の事情を理解していたから、どうにもならないものはしょうがないと無視していた。いろいろ気分転換をためした。でもコントロール出来ない、妙な息苦しさ、と疲れが絶えずあった。何かまとわりついているようで「俺を楽にさせろ」と叫びたかったが、誰に言っていいのか分からない、やはり気のせいだと無視した。家では聖人、

自分には劣等者を繰り返していたとも言える。（5／29　受信）

妻はそんなYの様子に、これまでとは違ったものを感じ、体調を気遣ったり、理由を尋ねるなど、心配していたという。

私は大切な妻に話し掛けられ、精一杯の笑顔で受け答えをする。妻は仕事で遅くなったのだろうと私を心配してくれる。「大丈夫？」と。私は精一杯の笑顔で受け答えをする。「俺は大丈夫！」昔から私の口癖だった。（6／21　受信）

Yは、父親がそうであったように、職場や家庭で感じるストレスに「男らしく」耐え、気遣う妻には大丈夫だと明るく言うのであった。妻は警察の事情聴取で、事件前のYの様子について以下のように語っている。

夫自身にも私に言えない、ストレスや悩み疲れはあったとは思います。こんなことになるなら、なぜ打ち明けてくれなかったのか、私の前で泣いてくれなかったのか、しんどい、つらいと言ってくれなかったのか、残念で悔しくてたまりません。

この証言からも、Yは妻には仕事や家庭の悩みを話さず、弱みを見せることはなかったことが窺える。だが、内心は、「『こんな筈じゃないのに』とずっと思っていた」(7／30 受信)のであった。これまでは「内なる父」の判断に従っていれば間違いはなかったが、この頃は、この時はその判断に従ったことが「それがまるで裏目・裏目に出て、自分で迷って行きました」(4／18受信)と、「内なる父」を信じられなくなっていくのである。同時に、かつて自身の存在意義を見いだしていた警察の仕事は、次第にYにとって単なる「生活を支える手段」に成り下がっていき、生き甲斐を感じられなくなっていった。

(三) 最初の逸脱

Yの一連の事件は、家にいては仕事の疲れから解放されないことから、夜間、気分転換にL県を一人でドライブしていた時に、ひとり歩きの女性の後をつけたことに始まる。[3] その行為は、意図して行われたものではなく、まったく偶発的なものだったという。

筆者：女性の後をつけて抱き付いた、その体験がなければ、強姦事件は起きていなかったと思いますか？

Y：エスカレート、ということでしょうか？

筆者：うーん、きっかけ、ということですね。

Y：うーん。（間）分からないですね、その時は……本当に何も考えていなくて。襲おうとか考えもなく……。

（9／18　面会）

軽い気持ちというか触角が働いたというか、あまりに気に止めず女性[ママ]の後をつける、誰も見ていない、自分も目をつむろう、これでバランスが取れるなら。（中略）以前から私は「言い訳はしない自分」を誇らしく思っていたが、同時に苦を吐き出して自分をコントロールする方法を探していた。

（5／11　受信）

この時、Yは、女性の後をつけたことについて、行為を追認する形で自分の欲求を認めた。欲求を自覚してそれを満たすために行動するのではなく、先に行為があり、その行為を事後的に解釈する中で自分の欲求を確認するのである。この時、「警察官なのに何やってんだ」という戸惑いと罪悪感を感じたという。目撃者もおらず、相手の女性が気付いていないとはいえ、自分の行為が法に触れるものであることは、警察官であるYにとっては明白であった[4]。だが、Yは、女性の後をつけるという行為は、家庭や職場で思うようにいかず自信を失いかけていた自分の「バランス」をとり、苦痛を吐きだし自分をコントロールできる手段なのだと、その行為を続ける根拠を探した。その上、相手に気付かれず目撃者もいなければ事件として成立しないと、自分に言い聞かせる。その行為を自分さえ許せば問題はないのだと、罪悪感を軽減しようとしている。

この時Yには、そうした行為を止めるという選択肢があったはずである。だが、彼は以後の行為を行わないと決意するのではなく、その行為が自分にとって必要だと解釈することでその行為を免罪するとともに、以後の行為も自分に許可したのである。[5]

二　強姦行為

（一）強姦の計画

Yは、最初のつきまとい行為から強制わいせつ行為、さらに強姦へとわずか二週間の内に犯行を発展させていく。最初のつきまとい行為では偶発性を強調したYだが、更なる強制わいせつ行為や強姦行為に関しては、どの事件も「女性を襲う」という明確な意図のもと、充分な計画を練り実行に移したと述べている。そこでは、計画をすること自体が、Yを興奮させるものだったという。

「悪」を考える自分がいてどんな事をしてどう実行するのかと悪を考え興奮する自分がいました。（中略）女性を襲うという事は「悪」というのは分かるけど、その悪の考えを深める事に興奮を憶える。今まで感じた事のない自分。今まで自分が思っていた「自分」とは正反対。

（7／18　受信）

女性を襲うことは、明確に「悪」と認識されている。強姦は、着衣の上から抱きつく強制わいせつ行為とは異なり[6]、女性の身体内部への直接的な襲撃であり、その暴力性は計り知れない。加害者にとっても、心的抵抗は大きいはずである。しかし計画時のYにとっては、「悪」であることが重要なのであり、警察官として「善」を実践すべき日常の自分と距離があることが、より興奮をかき立てるのである。

Yには買春経験がある。だが、本件犯行前や犯行中に、買春をしようとは考えたことがなかったという。取調べで、犯行前に買春によって性欲を処理しようとは考えなかったのかと訊かれた時のことを、Yは以下のように述べている。

「風俗」については、以前聞かれた事を憶えていて、その時「何故だろう」と思った事があったのです。(中略)「風俗に行こうとは思わなかった」のは、あえてではなく、全く考えていない事に「何故だろう」と思い、驚いたのです。「性的快楽だけを共有する異性関係」を持った事もありますし、望んだ事もあります。でも事件前はありませんでしたし、思ってもいなかったと思います。

(8/6 受信)

彼にとって強姦は、買春と比較出来る、性処理の「性欲」解消のための方法の一つなのではない。全く新しい自分になれる、暴力性を行使できる強姦でなければならなかった。

（二）強姦の実行

強姦の計画は、実行する目的で練られたにもかかわらず、Y自身は、実行のために計画を練るのではなく、計画があるから実行しなければならないと、通常の因果関係とは逆転した説明を行う。犯行の際に用いられた、被害者に目隠しをしたり、被害者を脅すために暴力団関係者であると名乗るなどの工作の理由は、犯人が識別されないようにといった、目的や実際の効果の面から説明されることが普通であるが、Yは、計画で決められていたからと説明した。

目隠しについては（中略）当時はそうするべきものであったのです。理由は「計画」の段階でそう決めていたからとしか説明できません。
（8／1　受信）

計画したものは絶対するものと思っていた。（引用者注：被害者を強姦している写真を）「撮る」という事もその時「撮ろう」と思ったのではなく「撮るべきもの」というものでした。
（8／24　受信）

強姦行為の途中も、思いがけない被害者の反応にたじろぎながらも、「どうやろう、予定通りしなければいけない」と、常に計画が意識され、「計画通りになってる」かどうかが確認される。[7]

ある事件では、泣きながら「殺してよ」と言う被害者を前にして自分の行為の残忍さを自覚し、性器が勃起しなくなった時があったという。それにもかかわらず、計画に従わなければならないと、自分で性器に刺激を与えたり、被害者に手淫や口腔性交をさせてまで勃起させ、強姦行為に及んだのであった。

Y：あの、時間的には最後の事件……あの時は性器の……挿入も別にしなくていいと、しなくて良かったんです。射精も……。だから何度も勃たなくなって。でも無理矢理。
筆者：挿入しなくてもよかった？
Y：はい。
筆者：それは計画で？
Y：いえ、計画では、強姦することになっていました。
筆者：挿入しなくてもいいと思ったのはいつ？
Y：その時……。
筆者：強姦行為の時？
Y：はい……。計画では、強姦することになっていたので、計画通りに実行しないと……。それで何度も勃たせて。（中略）
筆者：計画を実行に移すのは何故？

Y：やらなければ、と。義務のような……。（7／29　面会）

自分の性器が全々（ママ）立たない。何かむしょうに嫌になってくる。でも強姦はしなくちゃいけない。何故かは分らないいけどそうすべきもの、そして計画通りにしなくちゃいけない。自分でしごいたりもしたと思う。彼女に立たせる為に口でするように命じる。言葉は分からない。早く帰りたい。彼女は口でしている。たぶん何度も勃起したりなえたりしたと思う。

（10／1　受信）

この事件を終えた時、Yは「心が痛かった」といい、涙が出てきたのだという。[8]

彼は計画の実行に固執したことを、「実行時に『しなければいけない』という一種の常識、義務感のようなものがあり」（5／11　受信）、「写真を撮る事に『使命感』みたいなものもあったと思います」（8／24　受信）と、犯罪行為にはふさわしくない「常識」「義務」「使命感」の語で表す。その語りは犯罪性が剥ぎ取られているばかりか、強姦が善行であるかのようであり、あたかも警察官として職務に就いているかのようである。

（三）強姦の完成

Yは、強姦の既遂を、強姦の「完成」と呼ぶ。

車には既に女性を襲う為の簡単な準備がととのっている。あとはあらかじめ頭で考えていた通り実行する。そう自分に言い聞かせる。あの時は確か興奮していたが、何か頭はさめているような嫌な感じ。後は目的つまり「強姦」を完成させる為に全神経を集中させたと思う。

（6／21　受信）

通常、強姦というのは行為であって、完成という言葉とは馴染まない。その用法も、「強姦する」という用い方が一般的であり、法律的にもそのように用いられる。しかしYが強姦の「完成」という時には、行為の水準で語られておらず、作りあげるべきもの、達成すべきものとして語られる。目標として掲げ、その実現に向かって緻密な計画をたて、条件をひとつずつクリアしていくのである。

Yによれば、強姦を完成させるには、女性を弄び自分の自由にする、性器を挿入する、射精する、という三つの行為が必要である。

当時は、子供の女性で無ければ誰でも良かったと思う。全く知らない女性を弄び、自由にする。そして挿入し、場所にこだわりはなく射精する。この一連の行動そのものが私にとっての「強姦」。私は行為を楽しみというよりは、その強姦を完成させたという事実にこだわっていた

と思う。そんな事を漠然と感じます。（6／12　受信）

私は当時、「中出し」に目的や興味、こだわりは無かった。あったのは「弄び」、「膣内に挿入する」、「射精する」という事実行為だけだと思います。（7／17　受信）

そこでは、射精は「しなければいけない」ものであり、射精をもって強姦は「終了というか完成」（7／17　受信）する。だが、Yはパートナーとのセックスでは、必ずしも射精は「しなければいけない」ものではなかったという。

精欲(ママ)も強いという訳ではなく、セックスに関しては射精よりも受け入れられる事に喜びを感じる方だと思っています。（もちろん両方あった方がいいです）だから今まで、射精までいかなくても、気持ちが満足した事はちょくちょくあります。（6／1　受信）

それにも関わらず、Yは強姦においては射精を「しなければいけない」と考え、それを執拗に実行したのは、Yにとっての強姦は、彼がそれまで経験してきた、パートナーとのセックスとは違うものであることを示している。

ではない。

（四）恐怖心の克服

強姦が計画通りに成功すると、強姦を「完成」させたにもかかわらず、そこで感じるのは「達成感」ではない。

「達成感」というよりは「恐さ」ふるえる程の恐さはありました。被害者が恐い。その人を犯したという事実や空間自体が恐かったという感じだと思います。（7／25　受信）

計画が実行されて強姦が「完成」した喜びや射精の肉体的快感よりも、Yは「恐怖」を感じてその場から逃げ去る。被害者に恐怖を与えたYが、今度は被害者を恐れるのである。[9]それは、被害者が警察に届出て、自分の犯行が発覚し、逮捕されてしまうのではないか、犯罪者として世間にさらされてしまうのではないかという恐れではない。

筆者：手紙でも書いてたし、面会でも言ってたことですが、被害者に恐怖を感じた、被害者が怖かった、と。

Y：はい。

筆者：どの時点で、恐怖を感じたのですか。

Y：どの時点……。強姦の行為が終わった……、挿入して、射精し終わって、しばらくしてから、じわじわと……。しばらくというのがどれくらいか分かりませんけれど。
筆者：何を見て感じた恐怖ですか。
Y：その場、やってしまった。女性を強姦してしまった、傷つけた、その場や被害者。
筆者：それはどんな恐怖ですか。
Y：逃げ出したい、すぐにここから逃げ出したいという恐怖ですね。
筆者：逃げ出したい。
Y：ええ。
筆者：被害者の何が怖かったのですか。
Y：何が……。傷つけてしまったという。いたたまれない思い。どうしよう。
筆者：被害者が怖かった？　被害者に対して感じた恐怖？
Y：その場にいること自体も恐怖ですし、被害者も怖かったです。

（7／29　面会）

犯行時、射精を終えて初めて、Yは目の前の女性を傷つけてしまったという、自分の加害事実に直面する。

当時の私は彼女達の人覚（ママ）を見ていなかったと思うのです。でも犯行が終わってはじめて相手が「人間」であることを認識できたと思います。

（7／17　受信）

しかしYは、恐怖を感じたにもかかわらず、その後の強姦を止めようとせず、次なる犯行へと向かう。強姦を終わって生じる恐怖心を克服すべきものとみなし、立ち向かおうとするのである。この時Yは、被害者に恐怖を感じたのに更なる強姦を行ったのではなく、恐怖を感じたから更なる強姦を行わなければならなかったのである。[10]

「恐怖」は克服するものと思っていました。逃げるから余計怖くなるのだと言い聞かせていました。（8／31 受信）

Yは強姦を行っていた頃、強姦に際して生じた恐怖心を振り払うために、マスターベーションを行ったことがあるという。それは、強姦の妄想によって性的快感を得るために行われたのではなく、「射精」をすることで恐怖心を取り払い、射精ができたことで克服したことを確認するために行われた。

私は当時、強姦の妄想によるマスターベーションを二回程した事があります。これは性的というよりは恐さを克服したかった思いが強く、最初は恐さのあまりうまくいかず、二回目はうまくできましたが、それ以来はしていません。（3／28 受信）

（五）犯行の連鎖

Yは、こうした強姦は、自分では犯行を止めたいと思っており、その努力にもかかわらず、止められなかったものとして語る。ここでは、強姦は一件ずつの犯行ではなく、次から次へと連続した犯行としてYに認識されている。

自分では……止められないのかな……誰かに止めて貰うしかないのか……だったら早く捕まって……自分では（引用者注：止めることが出来ない）、って。（8／1　面会）

もうどうでもいい、早く逃げたい。服を着た所もどうやって片づけたのかも分からない。ただ写真の事で脅した事と、土下座した事と玄関から出た事だけを覚えてる。死にたい死にたいとずっと念じていた。もう自分では絶対に止められないんだ、と思っていた。（10／1　受信）

Yの語りは止めたいという自身の意思に反して、行動が独りでに暴走していったかのようである。しかし、止められないと自分に言い聞かせ、納得させているようでもある。

そして自分で止める事が出来ないのを理解する。ただきっと止められると祈るだけ、でもそ

んな他力的な事は無力だと夜をうろつき、家に帰って来た時実感する。（6／21　受信）

止めたいと思う反面、実際には、犯行を止めない選択をし続けているのであった。犯行後は、日常生活の中で思い出されることがあっても、「自分の中で普段の自分と犯行を行う自分を都合良く分けて、一人で納得というより、考えないようにしていた」（6／1　受信）と、加害行為から目をそらし、自分の犯行に向き合うことから逃げる。

その上、「今度だけ」と、自分に許しを与えて強姦を行うことがあったという。

Y：何で止められないんだろう、って、考えてました。分からなかったんですよ。自分でもどうしてなのか。なんで止められないんだろう。

筆者：何で止められないんだろう、って？

Y：ええ。（間）止められない自分に戸惑っていました。そして、今度だけ、って。それで二週間くらい止められるんです。（傍点：引用者）（9／18　面会）

一見、止めようとする決意のように思われる。だが、「今度だけ」は強姦を行うことを許可するが今後は強姦はしないという「決意」は、強姦行為を止めようする決意ではなく、目前の行為に対する後ろめたさを払拭する、いわば目の前の犯行を行う決意である。

また、少しくらいならいいではないかと、自らをそそのかしていたこともあるという

今日も行くか、探検だ、チャンレンジだ、息が吸いたい、少し位。[11]（傍点：引用者）
（5／11　受信）

止めるための方法を模索したこともあった。Yのとった方法は、パチンコをしたり小説を読むことで、強姦に充てられていた時間を他に振り向ければ、物理的に強姦はできないだろうという期待に基づく、Yによれば「他力的」なものであった。しかし、それは功を奏さない。

また、止められない理由を自分なりに考えもした。その時Yは、原因を改善して強姦行為を止めようとするのではなく、その理由を、強姦をする「根拠」に読み替えて、自らを次なる強姦へと駆り立てていったのである。

犯行時のYには、被害者の抵抗や、目撃者からの追跡、被害申告の存在など、犯行を止める外的機会は多く与えられていた。Yが強姦時に撮影した被害者の写真を、妻に見つかり詰問されたこともある。しかし、Yはそのどの機会も、止めるためには利用しない。むしろ、より巧妙な証拠の隠蔽工作を行ったり、より目撃されにくい時間や侵入経路を考えるなど、いかにすれば強姦を行い続けられるかと、まるでゲームの中で課された条件をひとつずつクリアしていくように、障壁を乗り越え、犯行を繰り返していったのである。

三　強姦の非犯罪化

(一) けが、盗みの二つの鉄則

Yが強姦を企図した際、「けが、盗みの二つの鉄則」と呼ぶ「自分で勝手に決めたルール」(6／1　受信)を作った。

人気の無い場所を歩く女性を見付けたら車を止め、女性を襲い、カッターナイフで脅し、静かにさせて、車に押し込み、ビニール紐で各手首を縛り、何処か全く人気の無い場所で強姦し、写真を撮って口封じをする。ケガや盗みをしてはいけない。(7／9　受信)

ここで、怪我をさせないというのは、女性に暴力をふるわないということではない。計画の段階からYは、被害者に対して、羽交い締めにする、首を絞める、ナイフを首に突き付ける、車に押し込めて紐で手首を車内に縛りつける等の暴行を加えることを考え、実際の強姦行為でもこれらを敢行している。怪我をさせないというルールは、自分の行為の制限としてではなく、相手にもたらす結果を問題にしており、暴力をふるっても被害者に怪我がなければよいということである。

Yは強姦時の世界観を「そこでは自分が中心、まわりの人は物としか見ない。物として見てた」

見ていたから強姦をしたというのではなく、しないと決めていたはずなのに被害者に怪我をさせてしまったことをもって、物として見ていたと説明するのである。（8／20　面会）と説明する。だが、女性・被害者を物として見ていたと説明するのである。

被害者を物としか考えていないのです。だから、当時の私（犯罪者）は怪我、盗みをしないように決めていたにも関わらず、怪我をさせてしまったのだと思います。（3／28　受信）

そこでは、強姦よりも怪我をさせることや物を盗むことの方が悪質であるかのように、怪我をさせ盗みをした悪質性のみが語られる。ここで、Yが被害者に怪我をさせることや盗みを行うことを嫌ったのは、そのことによって事件が発覚しやすくなるとか、逮捕・起訴された際により重い罪に問われると思ったからではない。

「けが、盗みの二つの鉄則」について、当時の目的は見知らぬ女性を襲い強姦するだったのです。鉄則というよりは単にそれ以外の犯罪はしたくないというか、自分が一人で決めていたもの、目的である強姦はしても良いが、目的以外の事は犯罪であってやってはいけないという感じに思っていた。（傍点：引用者）（8／13　受信）

計画や犯行時、強姦はYの中では犯罪ではなかった。犯行時は女性を物として見ていたというYの説明の根拠に、強姦を行ったことが言及されなかったのはそのためである。彼は、怪我をさせることや盗みは犯罪となるが強姦は非犯罪化されるという独自のルールを作り上げ、それに則って犯行を行った。だが、結果的に、被害者に怪我をさせたとして強姦致傷罪で罰せられ、有罪にはならなかったとはいえ下着やナンバープレート等を盗んだのである。Yは自分の決めたルールを破ったのであった。彼はそのことをしきりに悔やむ。

私はしないでおこうと決めていた事を全部やった。ケガ、盗み、悪用（引用者注：職務質問された時、職務中だと言って逃げようとした事）を。（8／6　受信）

逮捕された後も、彼が悔やむのは、法を犯したことでも、女性を強姦したことでもなく、自分の決めたルールを守りきれなかったことであった。Yにとって、法よりも自分の決めたルールの方が守るべき上位の概念なのである。法によって犯罪であると定められ、社会によって悪質だとみなされる行為であっても、Yのルールに該当しないのならば、Yの中では免罪される。したがって、Yの中では、強姦が犯罪であって「悪」であることと、自分が強姦をしても犯罪ではないということは矛盾しないのである。

(二) スティグマの利用

Yは、強姦は犯罪ではないとする独自のルールを作ると共に、逮捕されなければよいと罪悪感や不安を心理処理し、事件の発覚を防ぐための対外的な方策を考えた。それが彼の言う「口封じ」である。強姦は、被害申告・告訴されて初めて犯罪たり得るのであって、口封じが成功すれば、強姦という犯罪は成立せず彼も「犯罪者」にはならない。彼がとった方法は、免許証で被害者の氏名や住所を確認したり、強姦中の被害者の写真を撮り、警察に通報すれば被害事実や写真が公表されるかもしれないという不安を被害者に植え付けるというものであった。ここで、前提となっているのが、性暴力被害者に対するスティグマの存在である。

スティグマを利用した口封じが実行されるのは、Y自身が、女性にとって性暴力被害経験を知られることは恥辱となることを十分に理解し、そのスティグマの効果を「信用」しているからにほかならない。

筆者：(引用者注：自分に性暴力被害経験があることを他人に) 言う必要ありますか。

Y：というより言いたくないというか。

筆者：何故言いたくないんだと思いますか。

Y：レッテルが。

筆者：レッテル？　誰に対する？

Y：被害者です。

筆者：誰が貼るんですか。

Y：被害者が。

筆者：被害者が自分で自分にレッテルを貼るんですか。

Y：いえ、まわりの人が……。

筆者：どういうレッテルですか。

Y：被害者だという。

筆者：被害者ってだけならまわりの人が助けてあげて支えてあげればいい、それだけのことでしょう。レッテルになりますか。

Y：一般的に……。汚された、という……。

筆者：汚された？

Y：はい。

（6／27　面会）

筆者：性犯罪の被害者は汚された人というレッテルをまわりから貼られると言いましたよね。何によって被害者は汚されるのでしょう。

Y：実際には汚されている訳ではない。汚された人が汚されたと言っているので、そうなのかな、と思った。

筆者：そうなのかな、というのは、二つの解釈があります。疑問・反論の意味と、同意と。
Y：納得した、んです。
筆者：納得したということは、あなたもそう思っていると解釈していいのでしょうか。
Y：はい。
筆者：どうされたら汚されたことになるのでしょう。
Y：意思に反して性行為を強要された。自分の中では犯された、イコール、汚されたなので。汚い、という意味ではない。
筆者：被害者一般がそうだと言っているという程、沢山の被害者に会ってきたんですか。
Y：本人が汚されたといっているという情報からそう思った。テレビや本で。
筆者：どんな？
Y：……。
筆者：一度汚されたらその人は元には戻らないんですか。
Y：汚いとかそういう意味ではない、過去は消えないので。
筆者：性犯罪に限らず、被害者の被害体験は消えません。彼女達も汚されたのでしょうか。
Y：……。

（傍点：引用者）（6／28　面会）

Yは、被害者のことを「汚された人」と呼び、自らのスティグマ意識を暴露した。

～被害者にもたらす最大の痛手について～恋人・家族にとっても、たぶん「汚された」「傷ものにされた」という位置付け的なものが本人の付加価値として付くからだと思います。「世間」が思っているから、自分も思い、恋人も家族も思えてしまうのではないでしょうか。「世間」は誰でもなく、そんな付加価値は本当はないのにです。それに加えそういう位置付けだから「かわいそう」と思い「かわいそうな人」と位置付けも重なるのだと思います。すいませんこれ位しか書けません。ゴメンなさい。

（10／3　受信）

ここでYは、スティグマを「被害者にもたらす最大の痛手」だと述べており、性暴力が被害者にもたらす最も大きな影響はスティグマの付与だと考えていることが分かる。Yは、被害者に付与されたスティグマのことを「付加価値」と呼び、世間によって作られ被害者に付与されたものだと述べ、Y自身が被害者に与えたものではないと主張する。

Yは、スティグマを利用した口封じを行い、被害者にはスティグマが付与されることを承知で強姦に及んだが、被害者に対する付与は加害者ではなく「世間」によるものだと考えている。したがって、Yにはその付与責任はなく、Yは利用したにすぎないのである。彼にとって性暴力被害者に対するスティグマは、強姦を容易にし摘発を逃れるために利用でき、付与責任を世間に転嫁できる格好の材料だったのである。

(三) 行為の正当化

サイクスとマッツァは、逸脱行為を行うには、罪の意識という心理的抵抗を処理する必要があると述べている[12]。その行為が法に触れると分かっていることを、人はそう易々と行うことが出来ないのである。矯正や加害者「治療」といった臨床の現場では、加害者は自身の行為を正当化する傾向があることが指摘され、それはしばしば、社会のルールを守ることができない反社会的な傾向をもった個人の資質として断じられる[13]。だが、サイクスとマッツァが指摘したのは、逸脱者に正当化の傾向があるというよりも、正当化を行うことで逸脱者になるということであった。

犯罪行為において正当化は、極めて巧妙に行使される。自身の罪悪感を処理するのみならず、違法行為への抵抗を、摘発を逃れさえすればよいと心理処理し、摘発を逃れるための対外的な方策を考え実行するのである。Yの行った「けが、盗みの二つの鉄則」というルールの設定は、刑法や社会規範よりも自分の考えたルールを上位の「法」として位置づけ、怪我をさせたり盗みをしなければ犯罪ではないと考える正当化であり、スティグマの利用も、逮捕されなければ犯罪にはならないとする正当化である。

一般に、「自分は警察官である」という自覚は、犯行を思いとどまらせるように働くと考えられている。つきまとい行為を始めた当初のYも、「警察官なのに何やってんだ」という罪悪感に苛まれたという。しかし、Yは犯行を重ねるうち、その自覚をも正当化のために用いるようになる。

Yは、警察官として勤務する県ではなく他県で強姦を行った理由について、以下のように述べている。

県内では出来なかったというより県内でする気など全くないというか、今考えるとKの方が土地勘もあって、情報も入ってきやすい（つまり警察を利用できる）と利点があると思いますが、この県を守るんだとずっと思っていました。なんか偽善ぽくてパッとした理由でもないですが、これが理由です。（7／18　受信）

ここでは、自分が守る対象の勤務地と「自由なフィールド」（7／18　受信）の他県が区別され、勤務地の女性や近しい女性という自分が守るべき対象と、「獲物」であって襲ってもかまわない対象が分けられる。その上で、勤務地を守るから他の女性は自分の自由にしてもかまわないと、自分の行為を正当化するのである。

四　強姦の世界観

（一）新しい世界

Yにとって強姦は、日常生活の延長にある行為ではなく、新しい世界に入ることや、別の人間になることとして語られる。強姦時と家庭や職場での日常生活におけるYの態度の落差はすさまじく、別人のようである。職場では、まわりの顔色をうかがって自分の意見を言えず、[14]仕事をうまくこなすことが出来ずに劣等感に苛まれ、「猫に睨まれたねずみ」（4／18　受信）の様だったY。家に帰っても、父のような家庭人であろうとして弱音すら吐かず、義母や妻に気を遣ってくつろげず、[15]居場所がないと感じていた。そのような現実のYと違い、強姦時のYは、易々と女性を拉致したり居宅に侵入し、暴力を用いて一瞬で女性の自由を奪い、暴力団関係者を装って脅し、強姦の様子を撮影し、女性の意思を無視して自分の思うように扱い、傍若無人に振る舞ったのである。[16]強

Yが初めて強姦を行った時の心境は、以下のようであったという。

　興奮する、自分は悪だ、これは自分じゃない、こんな事する訳がない、捜しに行こう、こんな世界があるなんて。（5／11　受信）

　あたかも自分が常識・自分が全て・何をするのも自由何の障害もない感じ、感覚（中略）その自分になれば、自分を苦しませる事が何一つない世界、嫌がりながら、恐がりながら、引きずり込まれていく事を望んでいった。「もっと息を吸わせろ」「もっと興奮させてくれ」「自由だ」と言える事のできる、非現実に居る自分を私は嫌がりながら望んでいた。（6／21　受信）

ここには、強姦を行う時の、これまでには経験したことのない世界や自分を知った興奮が語ら

れている。それは、ままならない現実の世界とは異なり、「自分を苦しませる事が何一つない」「何をするのも自由」な「非現実」の世界である。Yは、強姦を行うことで、その自由な世界に浸れ、何ものにも縛られない自由な自分を感じられた。そこには、単に強姦を行う自由があるのではなく、「何をするのも自由」なのである。強姦という行為は、その自由な世界の入り口を開ける鍵なのである。

私だけの空間が広がっている、私を雅魔(ママ)するものは何もない。

（7／9　受信）

Yは強姦をしようと女性を襲った際、狙いを定めて自分が襲いかかったにもかかわらず、被害者の存在に驚いたのだという。また、女性を拉致したり、女性宅に侵入した時、Yが彼女らの生活空間に侵入したにもかかわらず、彼女らがYの世界に入ってきたのだと語るのである。

たてた計画に忠実に実行しようとしたが、私は急に驚いた。当時は訳が分からなかったと思う。今考えればたぶん自分の世界に被害者という人間というよりは自分以外の「もの」が入って来たからだろう。

（6／21　受信）

焦ってる。自分の世界に彼女が入ってきたからだと思う。

（7／9　受信）

強姦時のYの世界の認識では、相手の世界に侵入したのは被害者の方であり、Yの世界に被害者が侵入してきたために、強姦の被害者になってしまったのである。

(二)「内なる父」からの自由

Yは、強姦時に「興奮」があったと語ったが、その「興奮」とは、性交や射精に伴う性的興奮とは異なるものである。

必死に見も知らない女性を弄んでる。何か私は興奮している。セックスをしているという興奮じゃない。自分を壊すような興奮。（7／9　受信）

Y：今までの自分とは違った自分に興奮する感じですね。

筆者：そこで比較されるのは、過去の自分？　まわりの人？　まわりの人には出来ないことをやっているとか？

Y：今までの過去の自分ですね。今までの自分とは違う自分。それしか見えない……犯罪者としての自分……。

筆者：事件をやっている時に、自分は犯罪者という意識はあるんですか？

Y：見つかったら警察に捕まる、ということは知識としては分かってました。
筆者：あくまで知識として？
Y：ええ。そこでは自分が中心、まわりの人は物としか見ない。物としてみてた。そこでは、自分が中心、自分本位の世界……。
筆者：その、自分本位の世界っていうのは、気持ちいいですか？
Y：気持ちいいというのとは違いますね。楽っていうか……。
筆者：楽？
Y：自分のやりたいことだけ。

（8／20　面会）

彼の言う過去の自分とは「内なる父」に従って生きている自分であった。Yの語る興奮とは、その自分を壊すような興奮、新しい自分になる興奮なのである。Yは、犯行時の自分を「父の存在しない新しい仮面を被ろうとしたのだと思います」（4／18　受信）と、強姦時は父親の価値判断に従ってきた自分とは別の人間になろうとしていたと振り返る。「内なる父」はどんな状況でも耐えることを強いるが、新しい仮面は別の世界で自由でいられることを教える。その時Yは、「『犯行を行う自分』は強者だと意識した」（5／29　受信）という。

五　加害意識

（一）加害性の矮小化

強姦をするにあたってYは、凶器を用い、「殺すぞ」「命の保障はない」などと言って被害者に死の恐怖心を植え付け、暴力団関係者を装って凄んでみせる等、徹底して被害者から抵抗の機会と気力を奪っている。

> 人気の無い場所を歩く女性を見付けたら車を止め、女性を襲い、腕力で自由を奪い、死の恐怖を与えて、カッターナイフで脅し、静かにさせて、車に押し込み、ビニール紐で各手首を縛り、何処か全く人気の無い場所で強姦し、写真を撮って口封じをする。ケガや盗みをしてはいけない。これが私の考えた計画だ。後はその場その場で対応したらいい。そう考えていた。（中略）「殺すぞ、静かにしろ」こんな風な言葉で脅す、彼女はあきらめたようにおとなしくなった。
>
> （7／9　受信）

未遂事件の被害者に加えた暴行もすさまじい。被害者を羽交い締めにして体の自由を奪い、床に押し倒し馬乗りになって首を絞めるというものである。また、Y自身、強姦することを女性を「襲う」と表現しており、その攻撃性は明白である。[17]

車には既に女性を襲う為の簡単な準備がととのっている。（6／21　受信）

そしてしだいに一人暮しの女性を襲う事に思いを馳せる。（7／9　受信）

加えて、犯行時の心情の記述では、被害女性は一方的な攻撃の対象として、「獲物」という言葉で表現されている。

「これが俺だ」「この瞬間が俺だ」「俺は悪だ」「獲物は何処にいる」とつぶやき、どんどん深く興奮していく私。（6／21　受信）

（引用者注：以前に強姦を行った被害者宅を見に行ったのは）何も変わった事が無かった事を確認して自分一人で安心していたのだと思う。あたかも何も酷い事をしていないとでも思っていたように、心にゆとりが出来る。よし次の獲物を捜したり、探検をしよう。（10／1　受信）

このように、Yは、被害者を一方的な攻撃の対象と見たのみならず、実際の強姦に関してもあらゆる暴力を加えている。それにもかかわらず、Yは、強姦時、被害者に配慮をしたというのである。

彼女を少しでも安心させようと、いくつか言葉を交わした。（6／21　受信）

恐がらせないように、ケガをさせないように強姦しようと思っていた。（7／9　受信）

Yは実際には被害女性を徹底的に脅しており、むしろ、犯行を容易にするためには、女性に恐怖を与えなければならなかった。そして犯行を重ねる毎に、被害者を思い通りにするため脅しの手段を精錬させていったのであった。Yが語る「安心させようと」「恐がらせないように」という被害者に対する態度と、実際の態度には明らかな差がある。

自宅への帰り道や自室という、被害者にとって安心できる生活空間に一方的に侵入し、凶器を用いて命の危険を仄めかし、強姦という極めて悪質で暴力的な犯罪行為を行ったのに、安心させたり怖がらせないように配慮したとはどういうことだろうか。その上Yは、強姦は被害者に甘えたいという欲求を満たすためだったと語るのである。

私はやはり逃げたんでしょう。しんどさやそれをどうして良いのか分からず、何が原因なのか考えもせず、終わりのない自分が架す（ママ）苦痛が、職場の苦痛が永遠になると思った時、犯罪に逃げ、被害者に助けを求め、他人に受け入れて欲しかった。（中略）私は強制的に甘えるというより受け入れてくれる相手を捜していたのだと思う。（7／6　受信）

「甘えたい」という欲求を無理矢理相手に求めた。（8／3　受信）

被害者が、自分の欲求を全て受け入れ自分を救ってくれる聖母であるかのようである。[18]他にもYは、強姦時の被害女性の必死の抵抗の様子を、自分に好意的な振る舞いとみなしてもいる。

私は頭に描いた計画通りに強姦を行った。彼女の体を頭に描いた通り、弄び、彼女は「嫌がる言葉」を私を刺激しないように伝えてくれている。（6／21　受信）

被害者の精一杯の抵抗の発言を、「嫌がる言葉」と抽象化して具体性を剥ぎとり、あたかも被害者がYを受け入れているかのように、「私を刺激しないように伝えてくれている」と自分に好意的な行為として書き換えるのである。こうしたYの主張は、実際の強姦行為が被害者に配慮して行われたことを示すものではない。Yが語る犯行時の心情や行為には、そうした配慮の欠片など見受けられない。Yの主張は、自身の強姦行為の加害性を矮小化する語りとしてみるべきである。

性暴力加害者は、被害者に非があったとか、合意の上であった等と主張する等、自分の加害性を矮小化することが多いという[19]。これまで、捜査や裁判で、被害者の有責性が問われるケースが多いのは、矮小化された加害事実を司法機関が「真実」だとみなしてきたからだといえるのではないだろうか。

（二）意図と結果

性暴力は、被害者の視点から、以下のように定義されることがある。

レイプの本質は個人を身体的、心理的、社会的に犯すことである。「犯す」とはまさにレイプを指すことばではないか。レイピストの目的は被害者を奇襲し、支配し、屈従させること、彼女を全く孤立無援状態にしてしまうことである。このようにレイプは本質的に心的外傷をつくるように意図的にしくまれた行為である[20]。

Yはこうした被害者の視点にたった定義を受け入れはするが、被害者の心的外傷や人格否定を意図して強姦をしたのではないという。

女性の人格を否定したのは、目的ではなく、犯行を行った結果です。　（7／25　受信）

当時の意識の中で目前の人間をけがさせてやろうとか心に消えない傷をつけてやろう、相手の苦痛を楽しもうという意思はなかった。（8／3　受信）

ここでは、行為の意図と被害者にもたらす結果を区別した上で、被害者にもたらした結果から犯行の意図や加害性が導き出される解釈に異議が唱えられている。Yにとっては、犯行の悪質さを測るには意図が重要であり、自分は被害者に対して悪意がなかったことが主張される。だが、Yは犯行時、現職の警察官であり、当時の警察では、犯罪被害者、とりわけ性犯罪被害者保護のための様々な改善が行われていた時期であった。たとえば、Yの所属する警察で発行された機関誌には、性犯罪や被害者の心理を理解するための記事が掲載されていた[21]。Yは性犯罪を直接に担当する捜査員ではなかったとはいえ、こうした犯罪被害者対策についての様々な指導や教育を受けていた上に、性暴力被害者を保護した経験もあり、性暴力の被害性をよく理解していた。それ故、被害者に対するスティグマを利用して、犯行を重ねたのである。強姦が被害者に対してどのような影響をもたらすのかを熟知した上で犯行を行ったことは、たとえ被害者を傷つけることが目的でなくとも、被害者に対する責任を免れ得ない。それにもかかわらず、Yが犯行に際して悪意がなかったことを主張するのは、あたかも、「悪意」がなければ自身の加害行為が免罪されるかのようである。

またYは、強姦は、彼が「被害を与えた人」と呼ぶ直接の被害者に対する犯罪行為であるとことは認めるが、「女性に対する暴力」であることには異議を唱える。暴力行為ではないから、「恐がらせないように、ケガをさせないように強姦しようと思っていた」（7／9　受信）のであった[22]。そして、Yの強姦は個別の女性に対する行為ではあっても、「女性」全般を対象にした行為ではない。したがって、「強姦者は女の敵」といった類の言説にもYは反発し、筆者も含めて、事件とは無関係な人が自分を非難することに不快感を示す。

牧野さんは私が憎いですか？　牧野さんと一緒に傍聴した人は私が被害を与えた人ではないのに何故「反省しているとは思えない」と思ったのでしょうか？（中略）私は私とは関係のない人にも憎まれている。「私は不快」とかそんなレベルの低い話ではなく、問題はその女性は私を憎む事で楽になっているのでしょうか？　（10／16　受信）

彼女らは、この事件には無関係であるにもかかわらず、勝手に事件に入れ込んでYを憎み、自ら望んで苦しもうとしているのではないかと問うのである。

六　犠牲者意識

（一）被害者

Yは、被害者について語るときには、一般の犯罪被害者・性暴力被害者とは区別して、「被害者と呼ばれる女性たち」「彼女達」と、対象を極めて限定して語る。

被害者と呼ばれる人が私には居る事は知っています
（10／25　受信）

ゆうに一年以上被害者と呼ばれる彼女達や皆を振り回してる
（7／17　受信）

Yは、自分の事件の被害者を一般的な犯罪「被害者」とは認めない。まわりの人が勝手にそう呼ぶのであって、自分はそれを認めないのである。

Yは「被害者の加害性」という言葉で、加害者に対する報復・攻撃の可能性を指摘する。ここで被害者は保護すべき弱者などではなく、自分を攻撃する可能性が最も高い人物として、Yに認識されている。

私は被害者と呼ばれる女性達（あー嫌な言い方なので、これから〝「彼女達」〟という表現にしたいと思います）に対して何かしたいと思えば思う程「彼女達」を恐れる感情が強くなる。そして私の足を、声を止め、やはり止めておこうとあきらめさすまで「何かをしようとする私」を攻撃する。「彼女達」への恐れとは、もちろん相手からの攻撃。
（6／17　受信）

Yの事件では、四人の被害者が被害申告・告訴をした。法に保護を求めた被害者は、彼にとって、法を利用して自分を攻撃してくる「加害者」である。そこでは自分こそが「被害者」なのである。それは、何も公判で傍聴席から直接の攻撃を加えるという意味だけではない。

Y：この前に弁護士さんが来て、あ、手紙にも少し書きましたけど、民事が始まってて。
筆者：ええ。
Y：分かっていたんです。知っていたんですけど、やっぱり……。公判が終わってから始まるって。それから資料請求するって。公判の途中だと、民事の結果が影響しますよね。それをさせないために終わってからなんだなって。
（8／12　面会）

民事の事を聞いた時にはノド元をかみつかれた感じがしましたし、同時に私一人が勝手に明日を見ていてすがろうとしていた事に気付きました。加害者側は刑事裁判（一審）中に示談をすませれば判決が有利になる事は知っていますし、逆にその事と刑事裁判後でも民事は起こせるよとアドバイスを受ける事も知っているので被害者の意思がどっちに向くかで私の人生は決まります。
（8／20　受信）

被害者には、民事訴訟を提起する法的権利がある。刑事裁判中に民事訴訟が行われた場合、その結果が被告人に有利に働くことが予想されることから、被害者は、刑事事件の裁判が終了してから民事訴訟を考えていたのだという。そのことについてYは、被害者が判決後に民事訴訟を行うことが、より重い判決を期待するという自分に対する攻撃であると受け取るのである。

> 先週の金曜に民事訴勝（ママ）について話があり、きっと判決後初（ママ）まるだろうとの事でした。（中略）「罪滅ぼし」を一生していくからこれ以上私を苦しめないでくれ。　（8／6　受信）

こうしたことを法や社会が認めていることをもって、実際には被害者は「力」を十分にもっており、被害者が弱者であり守るべき存在[23]だという見方を嫌悪する。

Y自身は、自分の刑を軽減する目的で、被害者に示談・損害賠償を申し出ており、そのことは、情状面において判決に反映されているにもかかわらず[24]、被害者自身が訴訟を提起することは受け入れられないばかりか、それを自分に対する攻撃だと受け取るのである。

(二) 運命

Yは、留置場でつけていた日記の中で、犯行当時の自分を振り返り、犯行を総括して、次のように記している。

ちょっとした悪からエスカレートして行く悪に歯止めをかける事が出来なかった。

（11／12　日記）

ここで、犯行は、自分の思考や行動が何者かによって操られ、勝手にエスカレートしていったものとして描かれている。自分の意思で計画をたてて実行に移したという主体性に対する認識は希薄である。その上で、そうした思考や行為を「止められなかった」ことが、反省すべき唯一の点としてあげられている。

日記には、Yの犯行前の状況を検証する記述も見られる。そこには、義父の自殺から始まる、Y夫妻に降りかかった不運な出来事が書き連ねられ、その内のひとつに、Yの起こした事件も記載されているのである。

思えば二年前負のは紋（ママ）があった。その波紋はまわりに大きな影響をおよぼし、新らたな波紋を作り続け、僕達を打ちのめして行く。ついには僕自身が波紋を作り出し他の人をどんどん不幸にしていく。この波紋はいつになればおさまるのだろう。自分のしたことに間違いはない。しかし何故こうまで続くのだろう。

義父が自殺し、義母は脳えんで倒れ、ち呆症から半年程夫婦で闘い続けようやく一般の生活が出きると思う矢先、肺ガンが見つかり、何とか今も闘い続けている。妻は子どもが出ない（ママ）ので病院に行くと胎筋しゅという不にんの一種であり手術して取りのぞき、そして再検査をしたら、今度はチョコレート血しゅという不にんの一種にかかっており、またしばらく投薬をし続け、僕は妻の再検を受ける際に二回目の検査をしたら精子が死んでいると言われ、そのうち、とち狂い、壊れて犯罪者になった。そしてたくさんの人に迷惑を掛け、心が死んでいる。あと、妻の祖母が亡くなり（引用者注：以下一〇文字ほど書いて消した跡）、妻の実家の犬が皆の前で死んだ。よくこの二年、たかが七百日前後の間にここまでのことが起きたものだと思う。

（10／14　日記）

Yの強姦事件・逮捕もY夫妻に襲いかかる運命の流れの内にあり、自分の事件も運命によって引き起こされたという認識が記されている。自分が事件を起こしたのではなく、「起きた」のである。ここでYは、不幸な運命に巻き込まれてしまった犠牲者である。そして、「神」に対して、自分が犯した犯罪にもかかわらず、自分の逮捕で妻の不幸は終わりになるよう祈りまでする。

私は今でも神は信じない。だが何かあるのならどうかTの不幸はこれで最後にして下さい。もうTの悲しい顔は見たくありません。

（11／10　日記）

自分のおかれている状況を、自分の行為の積み重ねによって起こったものとして因果関係を解釈するのではなく、逮捕されてしまったという自分にとって不本意な境遇という現在を起点にして、こうした境遇に自分を陥れた者を探そうと、過去を解釈し直す。そこでは、自分を犯罪者にした者が探される。しかし、当然の事ながら、Yの犯行はY自身の意思によって行われたものであり、具体的に因果関係を求めることのできる人物や境遇は存在しない。そこでYは、現実社会の因果関係ではなく、それをも凌駕する運命や神の意思を持ち出して、自分の犯行や逮捕を解釈しようとするのである。

(三) 処罰

Yは、求刑以前は、「公判での判決はどうなるのか、神奈川県警のように十二年もしくはそれ以上かもしれない」（7／5　受信）というように、重い刑が下される可能性に言及していた。だが、実際に懲役一五年を求刑されると、Yの態度は一変する。「刑期は人の一・五倍」（8／29　受信）と、自分の刑が不当であると言い始めるのである。

筆者：私の個人的な意見、主観ですけど、を言うと、ですね……。求刑一五年いくと思ってました。

Y：逆らっちゃいましたからね。それから人柱。

筆者：人柱？　誰が言ったの？

Y：昨日、検察の論告の中で言われたことをまとめるとそうかな……と。やっぱり逆らったのが響いた。懲らしめないといけないと思ったんでしょう。

（8／28　面会）

Yは、犯行時、逃走用の車のナンバープレートから身元が知られないように、ナンバープレートを付け替えている。その際、他の車からナンバープレートを盗んでいるのだが、これが窃盗罪に当たるかどうかが、法廷で争われた。Yが「逆らっちゃいましたからね」と言っているのは、この窃盗の無罪を主張したことを指している。検察官の言う通りに供述をしなかったことによって、求刑という制裁を受けたのだという。また、性犯罪を犯せばこれほどの厳しい刑が下されると社会に知らしめるための「人柱」、つまり、犠牲者になったとも理解しているのである。

私は凶悪事件で十年、公務を汚した罪・お茶の間を沸かせた罪・筆頭検事に逆らった罪で五年の計十五年で判決を待ちます。（中略）未来が少しずつ閉じようとしています。「命までは取らないが、生きていく事は許さない」「今後の性犯罪を抑止する為、人柱になりなさい」と聞こえてきます。政治的意味の強い裁判と思っていましたが、正直ここまでとは思っていませんでした。

（8／29　受信）

加えて、Yは、この一五年という求刑は、自分の犯罪行為の悪質さからではなく、法や警察組織からの制裁として、警察の体面を汚したこと、法を冒涜したこと、それが罪として加算されたのだという。

Yの事件は、これまでの性犯罪事件の中でも、その手段の悪質さは群を抜いていたと、事件警察署の幹部は述べている。裁判長も、現職警察官の犯した犯罪では戦後二番目に凶悪であると断じていた。Yはその自分の行為の悪質さは不問に付し、自分の行為が被害者に与えた被害を過小評価して、刑に不満を抱くのである。

近年の性暴力被害者の人権保護や性暴力抑止のための様々な政策は、Yにとっては、性暴力を抑止するようには働かなかった。性暴力加害者に対する世間の厳しい目も、性犯罪の厳罰化も、Yの関心の外である。被害者に対する世間の目は十分に理解して「口封じ」という巧妙な手段へと精錬させていったが、加害者がどのように処せられるかについては、犯行前も犯行時も関心を向けない。刑事手続きが進行し、被害事実・加害事実が明らかになっても、Yは法や社会の性犯罪加害者に対する認識を受け入れられず、求刑年数を聞いて、「人柱」として利用されたと憤慨する。自分は見せしめとして法に利用された犠牲者であるとして、自分の不運を呪うのである。

おわりに

Yは、強姦時を振り返り、以下のように述懐する。

最近考えているのですが、「強姦」という手段に出たのは、私の中では意味を理解していない絶対的な悪なので、これをクリアすれば力が手に入る、強者になれる。そして、自分のカラ（ママ）を壊るのに性的興奮のいきおいが必要だったのではないか、そして女性を征服できる喜び、達成感があったのではないかと思っているのです。私が考えているこの三つはかなり私にはしっくりくるものであり、今書いている事自体苦しく、つらく、恐いものです。（6／1　受信）

Yの強姦行為には、異なる水準の力が関わっている。一つは、被害女性に対する強姦行為に見る力であり、女性を強姦することで、自分には力があることを確認し、職場や家庭で喪失していた自信を回復させるものである。もう一つは、「内なる父」を超える力としての強姦である。強姦を行うことで、耐えることを強要する「内なる父」、目標だった父を超えて、強者になったと実感し、父の縛りから解放されるのである。

Yは、家庭や職場で感じていた自信のなさやままならなさを、「内なる父」の足枷をはずしたり、自分の弱さをさらけ出すなどして、現実の世界で自分を変えるのではなく、自分が自由に振る舞える世界を創り出し、そこで別の自分になることで、自分を解放した。その手段として強姦が選ばれた。[25]その一方で、Yは、性欲によって行われたということは、最初に発信した手紙で「この犯罪は単に性的欲求だけでは絶対起こりえない犯罪だと思います」（3／28　受信）と否定していた。捜査・裁判を通じて、Yの強姦はY生来の強い性欲によって起きたと結論づけられていたが、そのことは終始否定していたのであった。[26]

マスコミ報道でも公判でも批判されたように、Yの事件は現職警察官が起こした極めて悪質で凶暴なものである。Yが警察官であったにもかかわらず犯罪を行い、逮捕後は自分に対する法の判断に不満を漏らしていたことは、何を意味しているのか。

一般に、被害者や法に対する知識は、犯罪を抑止するよう働くと考えられている。だがYは、知識や経験を、自身の犯行を行いやすくするために用いた。一方で、性犯罪の厳罰化や加害者に対する非難の声には関心を持たなかった。逮捕後は、性暴力に対する非難の気運は自分に攻撃を加えるものと理解し、自分は法や社会の犠牲者だと考えた。Yの語りから分かることは、ただ闇雲に被害者の保護を訴えるだけでは性暴力の抑止には繋がらないということである。そうした知識を性暴力の抑止に生かすにはどうすべきかが、議論されなければならない。

註

（1）二〇〇二年五月二八日　第五回公判におけるYの実父の証言

（2）第五回公判の証人尋問で、父親は、Yが政治家ではなく警察官になりたいと父親に告げた時のことを次のように証言した。

「(引用者注：警察官になりたいとは) せがれらしいなあと許した」「社会正義の為に (引用者注：Yが警察の仕事を) やりたいと言った。許した」「せがれには政治家は向かないなと思っていた。自分の人生、男一人だけど許した」(傍点：引用者)

ここでは、Yの決意ではなく、その選択を「許した」父親自身の権力性が語られている。

（3）警察の取調べ中に書かれたYの自供書によれば、女性の後をつけた事案が二回、待ち伏せるなどして抱きついた事案が三回あった。いずれも、二〇〇一年八月に敢行されている。Yが強姦を行ったのは、最初のつけまわし事案からおよそ半月後である。抱きつき事案に関しては、強制わいせつ事件として捜査されたが、いずれも未届け事案であり被害事実が特定されなかったため、立件されることはなかった。

（4）V県迷惑行為等防止条例

第二条（粗暴な行為の禁止）

何人も、道路、公園、広場、駅、水泳場、キャンプ場、興行場、飲食店その他の公共の場所（以下「公共の場所」という。）または汽車、電車、乗合自動車、船舶その他の公共の乗物（以下「公共の乗物」という。）において、次に掲げる行為をしてはならない。

（一）通行人、入場者、乗客等に対し、いいがかりをつけ、すごみ、多数で立ちふさがり、またはつきまとう等の不安を覚えさせるような言動をすること。

（5）レイベリング理論によれば、ある行為が犯罪や非行だと規定されているとは知らずに行われることや、知っていても偶発的に行われることは多いという。また、多くの逸脱行為は、次なる逸脱行為にはつながらず、本物の逸脱に発展することはないという。したがって、レイベリング理論は、最初に行われる逸脱行為を重視しない。問題にすべきは、「最初の逸脱行為」が本人や周囲の人たちに認識・解釈され、次の逸脱行為につながり本物の逸脱行為」になっていく過程である。（ベッカー、ハワード・S、村上直之訳『新装版　アウトサイダーズ――ラベリング理論とはなにか』一九九三年　新泉社）

（6）ここで言及する強制わいせつ行為は、Yの行った着衣の上から抱きつく行為を指している。刑法上、性器の挿入を意図しない性暴力は全て強制わいせつ罪とされており、口淫を強いたり、肛門性交や性器以外のものの膣内への挿入も、強制わいせつ行為であって、強姦罪に該当しないからといって被害が軽微なわけではない。

（7）「迷うな、彼女を車に押し込む。手首を縛る。急いでる。車を走らす。焦ってる。自分の世界に彼女が入ってきたからだと思う。でも計画通りになってる」（7／9 受信）

（8）「はじめの取り決め事として、強姦しなければいけないという常識のようなものがあり、どうしても止める事が出来ない。最後まで犯行を行う事をまるでインプットされたような感じ、その時、何度も勃たない事がありました。そして結局勃たせて強姦におよんだ訳ですが、気持ちが良いとか悪いとかではなく、ただ心が痛かった。たぶん今考えると『計画通りに強姦したという事実』が重要だったのだと思います」（6／1 受信）

「以前に軽く書いた事をもう一度。『殺してよ』そう言われた時、『自分は何でこんな酷い事を平気でやっているのか』『ここからすぐ逃げたい』と思いましたが『計画通りの強姦をして、射精しなければいけない』とまるで決められた事のように、立たなくなった性器を何度も立たせ、計画通りの強姦を完成させた事があるのです。自己満（引用者注：自己満足の意）の土下座の後、私はただ涙が出て来た事を覚えています」（6／12 受信）

（9）他にも以下。

「ただ逃げたかった。そして自分自身がどうでも良くなった。でも彼女をちゃんと解放しなければいけないのは分かっていた。そして解放し立去った。というより、もう彼女は私にとって恐怖の対象でしかなかったから、逃げ去ったという方がしっくりくる」（6／21 受信）

（10）強姦加害者が犯行を繰り返す理由として、家庭裁判所調査官の藤川洋子は「性犯罪は、財産犯などと異なり生理的快感に直結しているために、覚せい剤などの薬物犯罪と同様、嗜癖化しやすい」と述べる（藤川洋子「アスペルガー障害と性犯罪」『現代のエスプリ』二〇〇六年　四六五号　七六頁）。しかし、累犯の原因を生理的快感だけでは語れないのではないだろうか。

（11）ここで、「息を吸う」とは、強姦のことである。

「その日も車に乗って、本来居るべき『職場』と『家庭』から逃げて一人で知らない道を走らせていた。自分だけの時間を持ち、誰もいない所でタバコを吸い、日頃まとわりつく疲れをとろうとする。息を吸おうとしていた。私は本来居るべき場所、つまり『家と職場』に帰らなくてはいけない事はちゃんと知っていたと思うが、ただ息が吸いたかった。もちろん『犯罪を行う自分』になるだろうということは知っていた。たぶんなる事を望んでいたのだろう。（傍点：引用者）」（6／21 受信）

（12）Sykes, G., and Matza, D., "Techniques of Neutralization: A Theory of Delinquency," *American Sociological Review*, 22（6）, 1957

（13）小西聖子『ドメスティック・バイオレンス』二〇〇一年　白水社　一五八、一一〇頁

（14）当時、思った通りのことが言えない自分や、それ故に希望通りに物事が進まない現実に嫌気がさしてもいたという。それは職場だけでなく、家庭でも同様であった。自宅を新築する計画が持ち上がった時、Yは、計画を練る妻と義母の会話を聞きながら、「もうかんべんしてくれと思った」。自分は彼女らの言うような家は欲しくなかった。しかし、妻が嬉しそうに新しい家の希望を語るのを見ると、嫌だとは言えず、「積極的な夫になりきっていた」。（8／7 受信）

（15）「私は家での吐き出し方が出来ず、ずっと堪えていました」（4／18 受信）

（16）Yの逮捕時当直長であった事件担当警察署の幹部は、「本物の極道でもここまではしない」と、Yの強姦手口が、他の強姦事件と比較しても極めて悪質で暴力的であったと述べた。

（17）他にも以下のような記述。

「女性を襲うという事は『悪』というのは分かるけど、その悪の考えを深める事に興奮を憶える」

「当時、不安で襲った女性を見に行く、何もないようなので安心して次の計画や違う所をウロウロとする。（7／18 受信）

同じ女性を襲おうとは思いませんでしたしそんな女性などいる訳はないとも分かっていました、でももしばったりと襲える場面に出くわしたら実際は自信がありません」（8／17 受信）

「襲った時にあまり実感はないけど襲ったという事実はちゃんとある」（10／23 受信）

筆者：（引用者注：強姦の）計画、その場のでもいいですけど、それを考え始めたのはいつだったか覚えてます？

Y：覚えて……ないですね。

筆者：季節は？

Y：女性を襲おうと思ったのは、八月……に入ってから。（7／30 面会）

（18）性暴力加害者が、犯行の動機を被害者に甘えたかったからであると語ることはめずらしくはない。一九九九年に発生した光市母子殺害事件の加害少年（犯行時）は、殺人や強姦致死の罪が問われた二〇〇七年広島高等裁判所差し戻し控訴審で、殺意や性的目的を否認し、被害者に亡くなった実母を重ねて甘えたかったのだと、強姦が性的動機によって行われたのではないと主張したという。（『朝日新聞』二〇〇七年六月二七日　朝刊三五面）

（19）嶋田洋徳「プログラムの基礎となる理論背景」『法律のひろば』二〇〇六年　五九巻六号　二二頁、林幸司・松田盛雄・藤丸靖明「性犯罪者の治療——矯正の果たす役割」『矯正医学』二〇〇〇年　四九巻一号　一一頁

（20）ハーマン、ジュディス・L、中井久夫訳『心的外傷と回復〈増補版〉』一九九九年　みすず書房　八五頁

（21）たとえば、Yが勤務していた警察でも、警察職員全員が購読する部内機関誌に、警察庁が編集した「被

害者のこえ」（前編・後編）が掲載されていた。この記事は、当時、日本の犯罪被害者支援の中心的存在であった東京医科歯科大学難治疾患研究所助教授・小西聖子に、警察庁が行ったインタビューを編集したもので、特に性犯罪被害者の心情や警察官がとるべき態度が解説されている。該当記事は、他県警察の部内機関誌にも掲載されている。参考：小西聖子「被害者のこえ――前編」兵庫県警察本部教養課『旭影』一九九六年一一月号 八八―九一頁、同「被害者のこえ――後編」兵庫県警察本部教養課『旭影』一九九六年 一二月号 九二―九六頁

（22）「女性に対する攻撃ならば、ケガをさせないようにしようとは思わない筈」（7／25 受信）

（23）「刑事裁判中の加害者側からする損害賠償の申し出は、量刑事情をよくする目的であることは、疑いがない」（角田由紀子「性暴力犯罪被害者の抱える問題――弁護実務の観点から」『刑法雑誌』二〇〇一年 四〇巻二号 二一八頁）

（24）「被告人の父親の尽力により、判示第一の被害者に対しては損害賠償金一五〇万円を、判示第二の被害者に対しては損害賠償金五〇万円をそれぞれ支払って示談したこと、判示第三及び第四の各被害者に対してはそれぞれ損害賠償金として一〇〇万円宛を供託していること（中略）被告人のために酌むべき事情も認められる」 被害者四人の内、二人は示談交渉そのものを受け付けていない。

（25）「動機」が後付の解釈であり、振り返った時点の状況に影響を受けることから、この解釈が「正しい」わけではない。

（26）他にも、「あの衝動は性欲なんかじゃありませんよ。大分違う。でも、事実自体はかわらないから。被害者が納得できるのなら僕は構わない。（引用者注：性欲からやったのではないと言うことは）自己弁護になるのでいけない」（5／7 面会）、「確かに、そうじゃないという思いはあります。単なる性欲ではない。でも、やっていることは性犯罪です」（8／7 面会）等。

終章

一　加害者に着目して見えてくるもの

　近年、刑事司法にジェンダーの視点を導入することで、性暴力被害者の保護を推し進め、性暴力を抑止しようとする議論が盛んである。ここでいうジェンダーの視点とは被害者の視点であり、被害に遭った女性を法の場でいかにして救済するかが議論の中心であった。また、性暴力の被害性を重視して立法や量刑面で厳罰化がされれば、社会の性暴力に対するまなざしが変わり、性暴力が抑止されると期待されてもいる。その一方で、加害者については、その扱われ方が問題になってはこなかった。したがって、現在の性暴力をめぐる刑事司法の議論は、加害者の扱いについては従来のままに、被害者についてのみ改善が求められている状況である。

　加害者の扱われ方に着目して性暴力事件の刑事司法過程を見てみると、根本的な問題があることが分かる。刑事手続きにおいて、犯行原因の解明は犯行動機の立証として行われるが、強姦が男性生来の性欲によって行われるという知見が先取りされて捜査が行われており、裁判ではその見解がなぞられる。性欲によって犯行が行われたと断定する判決は、それ自体が次の事件捜査の知見となり、この動機概念は強化される。このことは、加害者に反省の機会を与えないばかりか、女性には性暴力を防止する注意義務があるとして被害女性にも責任を負わせる姿勢を一層強化することになる。

もっとも、刑事司法は、犯罪の事実認定と処罰決定に限定されたシステムであり、犯罪の原因を究明することが目的ではない。しかし、現在、犯罪行為に対する、わたしたちの「あの事件はなぜ起こったのか」という問いへの応答は、警察による捜査や、刑事裁判という形をとって、刑事司法が担っている。「なぜ」の究明作業は、刑事司法が独占しているといってもよい。裁判では全てが明らかにされると一般に信じられ、期待されてもいる。刑事司法に携わらない者には、当事者に接近することは容易でなく、捜査の過程でどのような作業が行われているのかを知ることさえ困難なのである。そのような状況で生産される言説は、絶対的な価値を持つものとして受け取られかねない。

加害事実の立証過程では、刑法に規定された構成要件を満たすことに力が注がれ、事件や加害者の悪質さは、加害性の追及によってではなく、被害者にもたらした影響によって判断される。とりわけ、性暴力被害者に対する社会のまなざしを前提にした、スティグマの付与が重視されている。本書で扱った事件では、被害者はスティグマに言及していないにもかかわらず、法廷では検察官が新たなスティグマを被害者に付与して、それをもって加害行為の悪質さとみなしたのであった。これは、被害者に対する抑圧行為であって、加害者追及のために被害者が利用されたといってよい。一方で、加害者の悪質さは、本人の供述を用いた追及は可能であったにも関わらず、十分な追及はされなかったのである。

裁判で被害の重大さが明らかにされるということは、性暴力被害者に対するスティグマの存在やそれを付与された被害女性の苦悩が明らかにされることでもある。こうした情報は、性暴力に対する非難の機運を醸成する一方で、性暴力を企図する者にとって、どのようにすれば被害者は被害申告を躊躇うのかという、犯行に利用可能な情報ともなり得るのである。

二　法を有効に用いるために

果たして法は性暴力の抑止に有効であろうか。本書で取り上げたYは、短大時代法律学を専攻しており、犯行時は現職の警察官であって、当然のことながら、強姦が刑法に規定された犯罪であり、犯行が発覚すれば厳しく処罰されることや世間からどのように見られるかを熟知していた。また、彼は警察署における職場研修期間中に強姦事件の捜査を経験し、交番勤務においても性暴力被害経験のある自殺企図女性を保護したことがあり、性暴力の被害性についてもよく理解していた。まして、彼が在職していた当時は、性犯罪被害者保護の気運が高まり、警察内部で様々な対策が行われ、性犯罪の厳罰化が叫ばれていた時期であった。そうした背景があるにもかかわらず、Yが強姦を行い得たことは、法による規制が性暴力の抑止に必ずしも有効でないことを示唆している。Yの知識や経験は、犯行を思いとどまらせるものとしてではなく、犯行を容易ならしめるものとして用いられた。とりわけ、性暴力被害者に対するスティグマの存在は、Yにとって、法の効力を無効化する格好の材料であった。

法が機能するためには、その効力を無効化する要素が排除されていなければならない。性犯罪は暗数が多いといわれ、これまで、被害者の羞恥心や捜査機関のセカンドレイプへの恐れがその原因だといわれてきた。そのため、被害者のプライバシーに配慮する対策が講じられてきたのである。しかし、本書で明らかにしたように、性暴力を禁止し、加害者を罰するはずの刑事司法過程において、性暴力被害者に対するスティグマが再生産され、被害者に付与されているのであった。そのスティグマこそが、被害者に届け出を躊躇わせ、加害者の犯行を容易にし、更なる犯行を生む「資源」となっているのである。

性暴力の抑止に法が有効に機能するためには、こうした、加害行為に利用される「資源」の生産を食い止めることが必要である。そのためには、被害者ではなく、加害者の加害性を十分に追及することが必要であろう。

三　加害者の再犯防止に向けて

二〇〇六年度から行われている性犯罪者に対する再犯防止プログラムは、性暴力行為は自分でコントロールできることを認識させることから始まる。これまで性犯罪加害者は、性犯罪は性欲によって起こる不可避なものであると考えたり、被害を矮小化し、加害行為の責任を被害女性に転嫁する等の「歪んだ認知」傾向にあることが指摘されてきた[1]。しかし、男性の性欲を自然なものと考え強姦は本能によるものだとする「歪んだ認知」は、刑事司法の一般的な認識であった。

刑事司法諸機関と矯正機関では、性暴力の認識に相違がある。強姦事件裁判における量刑相場では、被告人が若年であることが、更生可能性を有しているとして、量刑上の軽減ファクターになる[2]。だが、矯正施設における性犯罪者の調査によれば、年少者を対象として強制わいせつ行為を行う性犯罪者では、犯行時年齢が三〇歳未満の若年者の再犯率は四六・二%と非常に高い[3]。性犯罪者処遇プログラムの策定にあたっても、これまでの研究を踏まえて特定された「再犯と結びつく傾向の強い要因」として、「本人が若年であること」があげられている。矯正機関では、加害者が若年であることは再犯可能性が高いと認識されており[4]、裁判の基準（量刑事情）とは、大きな違いがあるのである。矯正機関における認識は、再犯者に対する調査や、諸外国のデータに基づいたものであり、刑事裁判の基準は、「期待値」に過ぎないといってよい。性犯罪者の再犯率のデータは、これまで性犯罪裁判の量刑において刑の軽減ファクターとして考えられていた「本人が若年であること」が、その事実がないばかりか、むしろ加重ファクターであり、裁判所の判断に誤りがある可能性を示している。

犯罪者に関わる諸機関の認識の相違は、性犯罪の原因についての認識にも見られる。前述したように、捜査・裁判は、性犯罪は「性欲」によって行われる、男性の生理に基づく不可避の犯罪であるという前提で進められている。たとえ本人が「性欲」によるものではないと考えていても、逮捕されて警察署で取調べを受け、刑事裁判を受ける中で、刑事司法の認識こそが正しいと思い込んでいくことは十分に考えられる。この状況を放置したまま、矯正施設や社会内処遇で「性犯罪がコントロール可能であると理解させる[5]」ことは困難であるうえに、コストの浪費である。被害者の保護理念や政策と犯罪者の「人権」保護のそれらは対立することが多く、コスト面では一つのパイをめぐる奪い合いになりかねない状態にあり[6]、被害者の保護に十分な費用を分配するためにも、こうした刑事システム内の価値観の分断は避けねばならない。そのためにも、加害者の理解・加害者の責任追及が不可欠であり、刑事司法の視点の転換が必要である。

註

（1）橋本牧子「新法における改善指導について（その三）性犯罪再犯防止プログラムの内容」『刑政』二〇〇六年　一一七巻三号　六二―六三頁、嶋田洋徳「プログラムの基礎となる理論背景」『法律のひろば』二〇〇六年　五九巻六号　一一頁、名古屋保護観察所特別処遇実施班「保護観察所における性犯罪者処遇プログラムについて」『更生保護』二〇〇八年　五九巻八号　七頁

（2）萩原玉味「我が国における強姦罪の量刑事情と今後の課題――昭和四二年一月から平成九年一二月までの第一審判決を中心に」『明治学院論叢　法学研究』一九九九年　六三五号　一二一頁

性犯罪に限らず、一般に、「被告人の年齢が若いということは、可塑性に富み、刑罰による影響も大きい

ことから、特別予防の点で、被告人に有利な情状となる」という。（原田國男『量刑判断の実際〔増補版〕』二〇〇四年　現代法律出版　九頁）

（3）「法務総合研究所調査の結果――性犯罪者の実態と再犯に関する分析」性犯罪者処遇プログラム研究会『性犯罪者処遇プログラム研究会報告書』二〇〇六　法務省　六九頁

（4）橋本牧子「新法における改善指導について（その三）性犯罪再犯防止プログラムの内容」『刑政』二〇〇六年　一一七巻三号　六一頁

（5）性犯罪者処遇プログラム研究会『性犯罪者処遇プログラム研究会報告書』二〇〇六年　法務省　二三頁

（6）矢野恵美「スウェーデンにおけるドメスティック・バイオレンス対策――男女共同参画推進とＤＶに関する一考察」『ジェンダーと法』二〇〇五年　二号　一三六頁

性暴力を許さない社会のために

一　一一〇年ぶりの刑法改正

一九〇七年（明治四〇年）の現行刑法制定以降、刑法の性犯罪規定については、一部形態の非親告罪化や法定刑の引き上げといった改正が行われてきたものの、構成要件等は制定時のままであった。かねてより、刑法の規定は性暴力被害の実状にそぐわず、国際水準からも大幅に立ち後れているとして、改正を求める声があがっていた。強姦罪の法定刑の引き上げや、集団強姦罪の新設が行われた二〇〇四年（平成一六年）の刑法改正時、衆参両議院の法務委員会において、「性的自由の侵害に係る罰則の在り方については、強盗罪等の法定刑の適正化を図りつつ、それらとの権衡を考慮し、さらに検討に努めること[1]」「性的自由の侵害に係る罰則の在り方については、被害の重大性等にかんがみ、さらに検討すること[2]」とする附帯決議が行われていた。二〇一〇年一二月に閣議決定された「第三次男女共同参画基本計画」では、性犯罪の罰則の在り方について適切な科刑の実現に努めることの他に、非親告罪化や性交同意年齢の引上げ、構成要件の見直しの検討が求められていた。

こうしたことを背景に、刑法を見直すべく、法務省は、二〇一四年九月に「性犯罪の罰則に関する検討会」を設置した(3)。そこで検討された論点は、

一　性犯罪の非親告罪化
二　性犯罪に関する公訴時効の撤廃又は停止
三　配偶者間においても強姦罪が成立することの明示
四　強姦罪の主体等の拡大
五　性交類似行為に関する構成要件の創設
六　性犯罪における暴行・脅迫要件の緩和
七　地位・関係性を利用した性的行為に関する規定の創設
八　性交同意年齢の引上げ
九　性犯罪の法定刑の見直し
一〇　刑法における性犯罪に関する条文の位置の変更

である。一二回にわたって開催された検討会では、これらの論点に対し、刑事法研究者や法曹、

被害者支援関係者等による議論が行われた。この検討結果等を踏まえ、「近年における性犯罪の実情等に鑑み、事案の実態に即した対処をするための罰則の整備を早急に行う必要があると思われる」との諮問に基づいて、法制審議会刑事法（性犯罪関係）部会（以下、部会）で、審議が行われた。[4]諮問の内容は、

一　強姦の罪の改正
二　準強姦の罪の改正
三　監護者であることによる影響力を利用したわいせつな行為又は性交等に係る罪の新設
四　強姦の罪等の非親告罪化
五　集団強姦等の罪及び同罪に係る強姦等致死傷の罪の廃止
六　強制わいせつ等致死傷及び強姦等致死傷の各罪の改正
七　強盗強姦及び同致死の罪並びに強盗強姦未遂罪の改正

であった。

部会は、二〇一五年から二〇一六年にわたって、全七回開催され、審議の結果は要綱（骨子）として法制審議会（総会）に報告された。要綱（骨子）は、全会一致で原案どおり採択され、法務大臣に答申することとされた。刑法改正案は、二〇一七年の通常国会（第一九三回国会）に上

程され、六月一六日に参議院で可決、「刑法の一部を改正する法律」（平成二十九年法律第七十二号）は七月一三日に施行された。この時、施行後三年を目途に、必要があれば見直しをする規定が付されている。(5)

二　主な改正点

（一）一七七条（強姦罪）の処罰対象行為の拡大

それまで強姦罪の対象となるのは、「女子」に対する「姦淫行為」に限られ、それ以外の行為や男性の性被害は、強制わいせつ罪の対象となっていた。男性器の女性器への挿入を特別に保護することは、姦淫以外の行為による被害の軽視であり、男性の性被害の軽視である。この、性犯罪規定における性差の解消と、被害の実態に即した処罰のため、性別の限定を撤廃し、対象行為を拡大して、膣性交以外に、肛門内又は口腔内に男性器を入れることを含むものとした。

部会の審議では、被害者支援に関わってきた医師や臨床心理士、弁護士から、肛門性交や口腔性交の被害は、膣性交と同様に当事者に対する影響が大きいこと、男性の性被害の深刻さも指摘された。現行刑法は、男性器の女性器に対する挿入を特別扱いしており、男性の性被害は、強制わいせつ罪でしか処罰されず、強姦罪とは法定刑に格段の差があった。実際には、男性の性被害は決して少なくなく、女性の強姦被害と同等のトラウマ体験となる。しかも、社会一般に性被害者は女性だという前提があるため、男性の性被害者は被害申告をすることが難しく、女性の被害以上に潜在化しやすく、暗数が多いことも指摘されている。姦淫被害が重視されていたことは、男性が不利益を被っていたという側面がある一方、強姦被害者に対するスティグマとしても作用しており、女性にとっても不利益となるものであった。

部会では、膣内や肛門への男性器の挿入と、口腔への挿入とは、侵襲の程度が違うのではないかと、一七七条の対象を広げることに消極的な意見もあったが、性被害の実態に即して、強姦罪の対象を肛門性交、口腔性交にも拡大する意見が多数であった。法が適用される挿入場所が拡大された一方、挿入するものについては、指などにも広げる意見が出されたものの、強姦罪と同様、男性器に限られるという意見が多数であった。一七七条に該当するためには、男性器を、膣や肛門、口腔に挿入することが必要で、それ以外のものは、男性器を模したものであっても、男性器以外の異物の挿入は、該当しないということである。挿入するものが男性器のみであることは、性暴力は男性の自然な性欲によるものだとする考えを引きずっているともいえるだろう。

一七七条の行為を拡大したことによって、罪名も変更された。強姦の語は、男性器の女性器への挿入のみを意味するとして、肛門性交や口腔性交になじまないと考えられ、膣内に男性器を挿入する行為を「性交」、肛門内への行為を「肛門性交」、口腔内では「口腔性交」と表現し、これらを「性交等」とし、強制性交等罪とされた。

（二）一七七条の法定刑の引き上げ

長らく、構成要件の構造的類似性から、強姦罪は強盗罪と比較して論じられ、その法定刑の低さが問題になってきた。二〇〇四年の刑法改正によって、強姦罪の法定刑は二年以上の有期懲役から三年以上の有期懲役と法定刑が引き上げられたとはいえ、強盗罪の法定刑の下限は懲役五年なのに対し、強姦罪は懲役三年であり、その差は大きい。二〇〇四年の刑法改正時、国会審議の附帯決議において、他の罪の法定刑との均衡や被害の重大性を踏まえた更なる検討が求められていた。二〇一〇年に閣議決定された第三次男女共同参画基本計画でも、性犯罪に関する罰則の在り方を検討するとされていた。これらの指摘を踏まえた「性犯罪の罰則に関する検討会」でも、被害の重大さや強姦罪の量刑傾向に照らして、法定刑の下限を引き上げるべきであるとする意見が多数であった。

部会の審議でも、強盗罪と強姦罪との差を解消すべきとの意見が多数であった。被害の重大性に対応していないことに加え、強姦罪の量刑傾向が、社会の性犯罪に対する処罰感情を反映して重くなっており、それに対応した法定刑に修正するというものである。先述したように強姦罪の範囲を姦淫行為から拡大すれば、これまでは強制わいせつとして扱われた行為が含まれることになる。部会では、強制わいせつ行為であった、肛門性交や口腔性交が強姦罪と同等の扱いになり、しかも、その強姦罪の法定刑が引き上げられた場合、実質的に、二重に厳罰化されることになるとの意見も出された。しかしこの改正は、一般にイメージされる重罰化とは異なり、量刑の現状を法定刑に反映させるというものであって、法定刑が引き上げられたことが、量刑に反映されることが求められているのではなく問題はないとされた。これらを踏まえ、それまで強姦罪の法定刑の下限が懲役三年であったものが、懲役五年に引き上げられた。準強姦罪も同様に法定刑を引き上げられた。

(三) 監護者の影響力を利用したわいせつ行為や性交等に係る罰則の新設

一八歳未満の者に対し、現に監護する者であることによる影響力を利用して、わいせつな行為、性交等をした者について、強制わいせつ罪、強姦罪と同様に扱う規定が新たに創設された。

部会では、実務に関わる委員から、性虐待の事案が多いことや刑法がそれらに対応していないことが報告された。年少者への性虐待は、被害者が性行為の意味を分からぬうちから行われ、長期間にわたり幾度となく繰り返される。現状では、強姦罪の想定するケースが、単発的な行為であり、性虐待のような、長期間にわたって繰り返される性被害には対応しておらず、その被害性・加害性を法はすくい上げられていないことも指摘された。

性虐待のケースでは、被害者が抵抗することはとりわけ難しい。しかし、性交同意年齢を超えている場合、強姦罪や強制わいせつ罪の構成要件である暴行・脅迫が認められなければ、性犯罪としての立件は困難である。これまでこうした事案については、児童福祉法違反によって起訴されているのが実状であった。現在の刑法ではすくい上げられない被害が多数あり、これらを性犯罪として刑法の規定に反映させるためにも、新設は必要だという意見が多数であった。

日本弁護士連合会は二〇一六年九月一五日付けの「性犯罪の罰則整備に関する意見書」で、「監護者であることによる影響力があることに乗じたわいせつな行為又は性交等に係る罪を新設するのであれば、被監護者の意思に反する行為のみを処罰対象とし、そのことが文言上も明確にされるべきである」とし、その理由として、「一三歳以上の者は性交の意味を理解することが可能であるから、相手方が監護者であるからといって直ちに真摯な同意がないとみなすことはできない」と述べている。(6)「真摯な同意」があると判断する根拠が、性交の意味を理解することができるという能力にあるとして、監護者／被監護者という関係性から切り離した、知識や理解力という被害者個人の問題にすり替えられている。このような意見が出されること自体、抵抗出来ない関係性において行われる性虐待についての社会の理解が不十分であり、法によってすくい上げられなかった被害が多いことを窺わせる。(7)

本罪の主体、客体に関しては、検討会や部会では、親子関係に限らず、広く親戚関係、教師と生徒の関係、雇用関係、医師と患者の関係、スポーツのコーチと選手等の関係も対象にすべきであるとする強い意見が出された。しかし、親子以外の関係は、生活の全てを依存しているとはいえないとして、新設された規定においては、親子を基本とする「現に監護する者であることによる影響力を利用」した場合に限定されている。

（四）性犯罪の非親告罪化

強姦罪と強制わいせつ罪は、公訴の提起に告訴が必要な親告罪であった。それは、公訴を提起することによって被害者の名誉が害されるおそれがあり、プライバシーを保護する観点から被害者の意思を尊重するためであるとされていた。しかし、現実には、親告罪の存在は、被害者の保護よりも、被害者に負担をかけるものとして意識されてきた。

性被害に遭い、捜査で疲弊し、その過程で二次被害にも晒されるような状態で、告訴するか否かの決断を迫られること自体が、当事者にとっては大きな負担である。加えて、重大な決断が出来るような状態ではない場合も多いのに、その時期になされた「決断」の責任を負わなければならないことも問題である。そして、しばしば指摘されるように、加害者側が、公判廷で被害者を追及することをほのめかして告訴の取り下げを要求したり、[8]検察官が告訴の取り下げを提案する事もあった。[9]親告罪の規定が、処罰を望むならプライバシーが晒されたり、供述の負担に耐えるべきであるというメッセージになっていたのである。

しかし、刑事手続きにおいて性暴力被害者の現実に即した被害者保護がなされるようになると、かつて危惧されていた被害者のプライバシーの侵害問題は改善されてきており、プライバシーの保護という被害者の利益のために、性犯罪が親告罪でなければならない理由も薄れてきた。非親告罪化は、訴追の判断を被害者に任せるのではなく、社会が性犯罪を許さないというメッセージとしても重要で、かつて親告罪でなければならないと考えられていた被害者を保護すべき理由については、親告罪以外の方法で保護・支援されるべきであると考えられる。

部会では、被害者に関わる実務に関わる委員から、被害者はプライバシーを晒したくはないが、加害者は適切に処罰されて欲しいと考えているとの指摘があった。加害者が裁かれて欲しいと思うならば、自身のプライバシーが晒されることを了承し刑事手続きでたび重なる供述の要請にも耐えるべきであるという、極端な選択をさせられる被害者の置かれている状態こそが問題なのであって、被害者に配慮し、適切な保護を行うことで、秘匿の希望と加害者の処罰の両方がはかられるべきであるという意見が多数であった。

（五）集団強姦罪等の廃止

二〇〇四年に新設された集団強姦等罪は、法定刑の下限が懲役四年、致死傷罪は懲役六年であり、強姦罪及び強姦致死傷罪の法定刑の下限を引き上げると、集団強姦等の罪及び集団強姦等致死傷の罪の法定刑以上となる。集団強姦罪を廃止したとしても、集団強姦罪に規定する行為については、現行法以上の刑を科すことが可能となる。集団による強姦という悪質性については、引き上げられた法定刑の範囲内で量刑上適切に考慮することによって適切な科刑が可能となるということから、廃止されることとなった。

三　残された課題

二〇一七年の刑法改正は、一一〇年ぶりの大幅改正と言われ、被害の現実に即したものとなった。その一方で、これまでにも問題が指摘されてきたにも関わらず、改正されるには至らなかった論点がある。検討会で議論された論点の内、性犯罪に関する公訴時効の撤廃又は停止、配偶者間においても性犯罪が成立することの明示、暴行・脅迫要件の緩和、性交同意年齢の引上げ、刑法における性犯罪に関する条文の位置の変更については、部会の論点とはならなかった。構成要件である暴行脅迫要件の緩和、性交同意年齢の引き上げについては、部会でも委員から言及されていたが、本改正の対象とはならなかった。

性犯罪における暴行・脅迫要件が、被害者にとって大きな壁になっていることは、従来から指摘され続けている。他にも、議論されたが改正には至らなかった論点として、強制性交等罪において挿入するものが男性器に限定されている問題、監護者性交等罪における「監護者」の定義が限定されていることがある。法が性的マイノリティの被害の実情をすくい上げられていないことも大きな問題である。

二〇一七年の改正は、これまで不当に低く扱われてきた被害を、適切に刑法に位置づけることが目指されており、児童福祉法違反として対応するしかなかった性虐待や、強制わいせつとしてしか見なされなかった肛門性交や口腔性交を、従来の強姦行為と同等のものとみなし、性犯罪の法定刑を引き上げることで被害の実状に見合った処罰が加えられるようにするというものであった。一方で、課題として残されたのは、暴行・脅迫要件があるために、それを証明出来ない場合には、性犯罪被害の申告そのものが受理されないといった、これまで立件自体がされてこなかったものに、被害の実状に見合う処罰を与えるような法改正である。いわば、性暴力ではあるものの性犯罪として見なされなかったものを、国が性犯罪として認め、被害者を保護し、加害者に適切な処罰を与えるということである。国の、性暴力を許さないという姿勢が問われ、性暴力についての根本的な議論が要求されているといってよい。

四　性犯罪被害防止対策の問題

（一）防犯指導に現れるジェンダー・性暴力観

二〇一八年四月、兵庫県警の公式ホームページから、「女性の安全〜痴漢にあわないために[10]」と題されたページが削除された。閲覧者から、不適切だと批判されたことが理由だという[11]。そのページは、「痴漢は決してなくなりません」と、犯罪の予防が仕事であるはずの警察が宣言するところから始まり、「痴漢や犯罪から身を守るのは自分自身です。その心構えを忘れずに」と、警察が自らの職務を放棄したかのようである。その指導内容は、肌を露出した服装が痴漢を呼ぶとか、被害に遭ったら力一杯抵抗しろ等、いつの時代の防犯指導だろうと、目を疑うようなものであった。

新聞報道によれば、そのページは県警生活安全企画課が作成したもので、一〇年ほど前から公開されていたという。「同課は、詳細な表現の確認をしていなかったとし『古い表現もあった。時代に合った内容に作り直す』としている」と、警察は、「表現」が古いことが問題であったという認識である。

警察は二〇〇九年に、子どもと女性を性犯罪等の被害から守る体制を強化するため、各都道府県警察の生活安全部門に対策班を新設した。痴漢をはじめとする性暴力犯罪被害の防犯対策に力を入れ、ポスターや啓発資料の作成・掲示を行っている。しかし、それらを見ると、ジェンダーや性暴力に対する認識に疑問を持たざるを得ないものも多く、誤った性暴力観——強姦神話——に基づくものすら見受けられる。

注意事項を標語のようにまとめ、その頭文字を繋げて合言葉にした、「いかのおすし(12)」の女性向けバージョンによって、防犯啓発を行っているところがある。沖縄県警が呼びかけるのは、女性を守る「あいうえお」である。「あ　歩きスマホはやめましょう」「い　『いやです』と断ろう」「う　後ろを確認しよう」「え　選んで歩こう明るく人の多い道」「お　大きな声で助けを呼ぼう(13)」。栃木県警が提唱するのは、被害を防ぐ合い言葉の「きなこもち」。「き　周囲にきを配る」「な　携帯電話等のながら歩きをしない」「こ　安易にこじん情報を漏らさない」「も　防犯グッズをもつ」「ち　危険な場所をちぇっくする(14)」。小学生ならいざ知らず、大人の女性が、「あいうえお」を実践するように指導されて、素直に受け入れ実践できるとは考えづらい。

被害に遭うことを想定して日常生活を送っていない女性たちを見下したものもある。二〇一七年七月の「なでしこ通信」（滋賀県警）に掲載された、今月の川柳「『大丈夫！』どこからくるの？その自信??」は、警察の求める防犯対策を講じない女性を、大丈夫だと思っている女性だと一方的に決めつけ、その自信過剰ぶりを嘲笑し、貶めている。一九七〇年代〜八〇年代の被害者防犯を彷彿とさせるものである[15]。

岡山県警のホームページには「女性の防犯対策」として「防犯マナーを身につけましょう[16]」というページがある。マナーとは、一般に他者を不快にさせない気遣いや作法をいう。性被害に遭わないように行動することが「マナー」だというのは、被害に遭うことは誰かに迷惑をかけているということなのだろうか。まるで、被害に遭うことそのものが罪であるかのようである。そこに、被害を防いで欲しいはずの女性への敬意は感じられない。防犯指導ににじみ出ている女性に対する見下した態度は、性暴力加害者に通じるものがある。

(二) 被害者視点の欠如

性犯罪被害防止対策に力を入れている福岡県警のホームページには、現在は削除されているが、「性犯罪から身を守るための防犯対策」というページがあった[17]。そこには、「あなたの防犯度チェック！」と題されたチェックシートが掲載されており、各質問にYES／NOで答えていくと、それぞれの回答に合わせた防犯レベルとアドバイスにたどり着く。その中には、「もしも、襲われそうになったら防犯ブザーをならすと同時に激しく抵抗すること。最後まで激しく抵抗する人の場合、犯人が犯行をあきらめています」というアドバイスがある。しかし、襲われたら抵抗などできないことは、これまでの被害者の体験や、それに基づいた研究から明らかであり、凶器を持っているかもしれない場合はなおさらである。性犯罪に限らず、「抵抗されたので刺した」という犯人の供述を紹介した事件報道は珍しくなく[18]、抵抗が、より被害を拡大することもあり得るのだ。こうした被害の実情を無視したアドバイスが、防犯対策として行われている[19]。

そもそも、「最後まで激しく抵抗する人の場合、犯人が犯行をあきらめています」という解説も奇妙である。加害者が犯行を諦めたもののうち、被害者の抵抗が原因であったと考えられるものを、被害者側の要因に帰着させて、「最後まで激しく抵抗した」と解釈しただけのことであり、加害者が「諦めた」から、抵抗が有効だと判断されたにすぎない。諦めなかった加害者のことは、ここでは考慮されておらず、抵抗させることが先行して、被害者の置かれた現実とは遠いものとなっている。

刑法の性犯罪の構成要件には、暴行・脅迫があり、「相手方の反抗を著しく困難にする程度のものであれば足りる[20]」という解釈で、現在も運用されている。近年は、被害者の現実に即して、抵抗などできないほどの恐怖心を示すことで立件されているケースがあることは、本書でも示した通りである[21]。しかし、犯罪被害を防止する目的の防犯指導では、そうした被害の実情は考慮されず、最後まで激しく抵抗することが要求されるのである。

また、刑法の性犯罪規定は二〇一七年に改正され、親告罪ではなくなったが、改正から一年以上たっても、福岡県警のホームページの内容は更新されず、被害に遭った人がどうしたらいいか知るために見るであろう、「性犯罪の被害にあったとき」というFAQページには、性犯罪は告訴が必要な親告罪であると書かれたままであった[22]。防犯ページは、直近の被害状況を載せるなど適宜アップデートされているにもかかわらず、肝心の、被害に遭った人に必要な情報は更新されていなかったのである。既に被害に遭った人には冷淡であり、被害者はないがしろにされている。

(三) 強姦神話

警察が防犯活動の対象にしている性犯罪は、「夜道や人通りの少ない場所が危ない!」[23]というような、夜道の一人歩きを襲われるものである。たとえ、午後四時に被害に遭ったケースがあっても、そのことは触れられず、夜道の一人歩きを襲われるイメージが先行する[24]。

性暴力事件は警察が扱った事件ですら、既知の関係間で起こるものが少なくなく、二〇一八年の統計によると、強制性交では検挙件数の六四・八%、強制わいせつでは三一・四%が、親族を含めた面識ある人によるもの[25]である。しかし、それらは防犯指導の対象にはなっておらず、既知の関係間で被害に遭った場合のアドバイスや、そうした事件も警察が扱っていることにも触れられていない。警察が「性犯罪=夜道の一人歩きを狙われる」というステレオタイプを助長することで、デートレイプのような性暴力は警察は扱わないというメッセージを伝えてしまう。そのことは、被害に遭った当事者の被害申告をためらわせる原因になり得るのである。

啓発資料に書かれる被害防止策は「肌の露出は出来るだけ控えましょう。上着を着用したりするなどして、極力肌を隠し、犯人を刺激しないようにして下さい[26]」と、服装に注意を促すものが非常に多い。「こんな行動や格好をしていると犯人に狙われやすくなります　露出度の高い服を着ている人」（熊本県警「女性のための犯罪被害防止マニュアル」）、「ショートパンツやオフショルダー姿の女性を多く見かけます。太陽の下ではまぶしいくらい魅力的なその姿も、夜になればよからぬことを考えている犯人に狙われる要因になりかねません。夜間に帰宅する予定がある日は、羽織り物を持ち歩くなどして、油断せずに、防犯対策をとりましょう」（滋賀県警「なでしこ通信」二〇一七年七月）、「暑い夏は、ショートパンツやミニスカート、胸元が開いたファッションをしたくなりますね。けれど、肌の露出が高い服装は男性を刺激してしまうことも！」（兵庫県警「女性のためのセーフティー・マンスリー～女性を狙った性犯罪等の発生状況と防犯対策～」二〇一八年八月）と、服装に注意するよう呼びかけている。女性の肌の露出が男性を刺激し、被害を呼ぶというのである。しかし、この認識はすでに警察部内の調査ですら誤りであることが明らかになっている。

科学警察研究所研究員が行った、一九九七年一〇月から一九九八年一月までに警察が扱った強姦と強制わいせつ事件の被疑者五五三名の調査によれば、被害者の選定理由として被害者の「挑発的な服装」をあげたのは、五・二％に過ぎなかった（複数回答のため、すべての回答の数値を合計すると二四六・四％になる）[27]。その結果を受けて分析者は、「従来から性犯罪の被害者が非難されてきたような、挑発的な服装等（五・二％）をあげる者は多くはない」と結論づけているのだが、この調査結果は、防犯実務には全く生かされていないのである。

なぜ、事実と異なる誤った性暴力イメージ――強姦神話――を流布させるのであろうか。公的機関による誤った性暴力イメージの流布は、加害を矮小化し、被害者を抑圧して被害の届け出をためらわせ、性暴力を助長することにつながる。性暴力被害を防ぎたいのであれば、被害事実に即した対応がされなければならない。しかし、以前から指摘され続けているにもかかわらず、未だに強姦神話に則った防犯指導を行っているのは、被害を防ぎたいのではなく、服装をはじめとする女性の行動をコントロールしたいからなのではないだろうか。

（四）警察の責任不在

身近に起きる性犯罪には、痴漢がある。二〇一八年一月に大阪府警察本部府民安全対策課の公式アカウントが「女性の防犯～電車内の痴漢編」と題してツイートした内容は、多くの女性を呆れさせた。「電車内における男性による痴漢犯罪のほとんどが午前七～八時台に起きています。痴漢を回避するために女性専用車両を利用する、時間差通勤で満員電車を避けることは有効です。また痴漢に遭ったら周りの乗客や駅員に知らせ、一一〇番通報してもらいましょう。(28)」このツイートからは、警察が取締等の活動をしている様子が窺えない。被害が多発する時間が分かっているのなら、警察が有効な対策を取るべきであるが、その姿は全く見えてこない。ただ、情報を提供し、注意を呼びかけるだけである。

かつては、乗客の不安の除去や、加害者に対するデモンストレーションとして警察による大規模な痴漢抑止キャンペーンが行われていた。たとえば警視庁は、一九九七年に一週間にのべ一〇〇〇人もの制服・私服警察官を動員する抑止キャンペーンを行った。実施した警視庁の鉄道警察隊は「制服の警察官では摘発には結びつかないだろうが、警察はちかん対策に全力で取り組んでいるということを常習者に示すことによって、予防効果を期待できる」とその目的を述べている(29)。

制服警察官が駅や電車内を巡回することは、加害者に対する効果だけでなく、被害者にとっても届出にまつわるハードルが下がるという効果ある。警視庁では、一九九五年三月の地下鉄サリン事件を機に、駅ホームで制服警察官が警戒に当たるようになると、痴漢被害者が加害者を「突き出す」傾向が顕著になった。制服警察官の姿が加害者へのアピールだけでなく、被害者に届出しやすくさせているのである(30)。当事者の勇気を鼓舞するよりも前に、警察に出来ること、警察にしか出来ないことがあるのだ。

しかし、近年の痴漢防止キャンペーンは、高校生達に参加させ、チラシや防犯グッズを通勤通学の女性達に配り、被害に遭わないように呼びかけるキャンペーンばかりである(31)。

(五) 被害申告をさせない力

防犯情報は多くの場合、被害経験者に対して、落ち度を責める二次加害として働く。その道を歩くべきでなかった、そのような服装をすべきではなかった、抵抗すべきだった、というように、当事者は受け止める。そのことによって自分を責め、また、責められることへの恐れから被害申告をためらう。

性犯罪被害防止対策が、被害者に自衛を求めているところに問題があるというと、他の犯罪でも同じだ、「戸締まりを忘れずに」「振り込め詐欺に注意」だって自衛の強要といえる、性犯罪だけ特別だと言うな、という声が聞こえてくる。しかし、すでに多くの女性は性被害経験者である。一九九九年に実施された「男女間における暴力に関する調査」によれば、約半数の女性に痴漢被害経験があるという[32]。多くの被害経験者も、防犯情報の受け手である。性犯罪の被害防止対策は、防犯情報が二次被害となり得る可能性への配慮なしに行う事は出来ないのである。

性犯罪は暗数が多いといわれる。その原因として、被害者の羞恥心があげられ、勇気を持って届出よと鼓舞される。山口県警のホームページ「性犯罪から身を守るために」では、被害に遭った場合には「勇気を持って」通報するように言い、その理由として、「このような性犯罪は、被害者の羞恥心から、届出がなされない場合が多く、事件が潜在化する傾向にあります。(中略)あなたの勇気が犯罪者の検挙や再発防止に繋がります[33]」と述べられる。被害に遭った被害者に、自身の安全のためにではなく、他の被害者のことを考えよという論法で、自責の念に訴えかけて、被害の届出を促す。届出が出来なかった被害者は、さらなる事件の共犯者であるかのようである。勇気など出さなくても通報できるような状況を作るのではなく、さらに被害者に責任を負わせているともいえる。

被害の声が発せられるためには、聞き手の側に、聞くための意識や能力が備わっていることが必要だ。「耳」への信頼があってこそ、声を出し、助けを求めることができるのである。声を出せないのは、被害者に勇気がないからではなく、被害者の、警察や社会に対する不信感の表れととるべきなのである。被害申告がなされないことを、被害者の勇気に還元し、勇気を出せと鼓舞することは、被害申告の責任を被害者に押しつけ、社会の問題を覆い隠す。そのこともまた、暴力である。

五　フラワーデモ〜無罪判決と刑法改正

二〇一九年三月、四件の性犯罪無罪判決が報道されると[34]、判決に疑問を持った人たちから抗議の声があがった。四月一一日には、東京と大阪で、性暴力無罪判決への抗議が行われた。東京駅前行幸通りには五〇〇人を超える人が集まったという[35]。この、性暴力に抗議するフラワーデモは、全国に広がり、開催地によって規模や形態は異なるが、被害経験を語り共有し、性暴力への抗議をプラカードを掲げることで可視化する場として、現在も毎月一一日に行われている[36]。

フラワーデモのきっかけとなった無罪判決の一つである、名古屋地方裁判所岡崎支部準強制性交等被告事件（実父からの性被害）は、二〇二〇年三月一二日、控訴審で有罪の判決が下された。被害者は、判決後に弁護士を通してコメントを発表し、フラワーデモに言及して「性被害は言い出しにくいが、言い出せる人が出てきた。私の苦しみも意味のある行動になった」と述べている[37]。

二〇一七年の「刑法の一部を改正する法律」には、施行後三年を目途に必要があれば改正を検討する規定が付されていたことから、更なる刑法改正に向けて、問題点を議論する公開講座の開催や、要望書の提出等、当事者・支援者団体が動き出していた。フラワーデモでも、刑法改正を望む声が大きくあがっている。

法務省は二〇二〇年三月、性犯罪をめぐる刑法の見直しについて議論する検討会を設置した。検討会には、刑事法研究者や弁護士の他、初めて被害当事者も参加している。刑法の性犯罪規定についての、更なる改正に向けて社会が動いた。二〇一七年改正時の残された課題である、暴行・脅迫要件の撤廃や公訴時効制度等について、議論が期待される。

註

（1）『衆議院会議録第十二号』二〇〇四年一一月一八日　七頁

（2）『参議院会議録第十号』二〇〇四年一二月一日　三三頁

（3）法務省ホームページ「性犯罪の罰則に関する検討会」http://www.moj.go.jp/keiji1/keiji12_00090.html

（二〇二〇年九月二四日アクセス）

（4）法務省ホームページ「法制審議会―刑事法（性犯罪関係）部会」http://www.moj.go.jp/shingi1/shingikai_seihan.html（二〇二〇年九月二四日アクセス）

（5）附　則（平成二十九年六月二十三日法律第七十二号）

（検討）第九条　政府は、この法律の施行後三年を目途として、性犯罪における被害の実情、この法律による改正後の規定の施行の状況等を勘案し、性犯罪に係る事案の実態に即した対処を行うための施策の在り方について検討を加え、必要があると認めるときは、その結果に基づいて所要の措置を講ずるものとする。

（6）https://www.nichibenren.or.jp/activity/document/opinion/year/2016/160915_4.html（二〇二〇年九月二二日アクセス）

（7）ここで、同意の存在を主張出来るとすれば、被害者である子ども自身が、同意したにもかかわらず、外形的に関係性によって同意は無効だと判断されてしまうのは、子どもの性的自己決定権の軽視であると、子どもの側から同意があった（から、これは犯罪ではない）と主張した時であろう。親の側から、同意があったと主張することはできない。自分の子どもへの性的行為は性虐待であるということは、親であれば理解することが可能であるから、たとえ子どもが同意を示したように見えてもそれを同意と見なしてはならないのである。

（8）河原理子『犯罪被害者　いま人権を考える』一九九九　平凡社　三二一―三二三頁

（9）『琉球新報』二〇一二年一二月三〇日　一、二四、二五面

（10）ここで言う「痴漢」は広く性犯罪を指しており、電車の中で体を触られるようなものから、自宅に侵入されて被害に遭うものまで含まれている。

（11）『毎日新聞』二〇一八年四月六日　大阪朝刊二七面

「兵庫県警：『下着ヒラヒラ　痴漢ムラムラ』　ＨＰの注意喚起削除」「『きれいな下着がヒラヒラ、痴漢の心はムラムラ』『肌を露出した服装は痴漢も大好き』。痴漢に遭わないための行動や服装について、女性向けに啓発する兵庫県警のホームページ（ＨＰ）上の文章表現が、閲覧者から不適切との批判を受け、削除されたことが五日、分かった。（中略）県警生活安全企画課によると、約一〇年前から公開。今月に入り、『表現が軽いのではないか』などのメールが複数届き、三日に全文を削除した。（後略）」

（12）こどもが危険から自分を守るための防犯標語。「いかない…知らない人にはついていかない」「のらない…知らない人の車には乗らない」「おおごえを出す…『たすけて！』と大声を出す」「すぐにげる…こわかったらすぐ逃げる」「しらせる…どんな人が何をしたか家の人にしらせる」

（13）http://www.police.pref.okinawa.jp/docs/2015030100130/　（二〇二〇年九月二一日アクセス）

（14）http://www.pref.tochigi.lg.jp/keisatu/seikatu/josei3.html　（二〇二〇年九月二一日アクセス）

（15）本書三五―三九頁

（16）https://www.pref.okayama.jp/uploaded/life/426913_2768931_misc.pdf　（二〇二〇年九月二一日アクセス）

（17）二〇一八年一月二八日確認。現在は削除されている。

（18）『朝日新聞』二〇二〇年九月八日　朝刊　二五面

（19）先述した兵庫県警の公式ホームページ「女性の安全～痴漢にあわないために」でも、痴漢に襲われた時には、殴る、蹴る、踏みつける、噛みつく等、「力一杯抵抗してください」と指導されていた。

（20）最高裁判所判決一九四九年五月一〇日『最高裁判所刑事判例集』三巻六号七一一―七一四頁

（21）本書一二二―一二三頁

（22）二〇一八年一〇月三日確認

（23）滋賀県警「なでしこ通信」二〇一六年七月

(24) 滋賀県警「なでしこ通信」二〇一七年一二月

(25)『令和元年版 犯罪白書』四〇六、四〇七頁。検挙件数中、面識ある者からの被害の割合は、強制性交等（強姦）、強制わいせつともに、年々増加傾向にある。これは、面識ある者に対する性暴力事件そのものが増えたのではなく、警察の被害届受理基準が変わり、これまでは事件として扱わなかった面識ある者からの被害も事件として扱う傾向にあると考えるべきだろう。

(26) 熊本県警「女性のための犯罪被害防止マニュアル」

(27) 内山絢子（科学警察研究所防犯少年部付主任研究官）「性犯罪被害の実態（三）―性犯罪被害調査をもとにして―」『警察学論集』二〇〇〇 五三（五）

(28) 大阪府警察防犯情報 @OPP_seian 2018.1.23 7:00

(29)『読売新聞』一九九七年二月一七日 東京朝刊 三一面

(30)『毎日新聞』一九九七年九月三日 東京朝刊 四面 同様の傾向は、阪神淡路大震災後の大阪でも見られた（牧野雅子『痴漢とはなにか 被害と冤罪をめぐる社会学』二〇一九 エトセトラブックス 一三九頁）。

(31)『朝日新聞』二〇一八年六月一三日 千葉朝刊 二七面

(32)『男女間における暴力に関する調査』（平成一一年度調査）二〇〇〇年二月 内閣総理大臣官房男女共同参画室 五六頁

(33) http://www.police.pref.yamaguchi.lg.jp/kurashi/pc_b001_000003.html（二〇二〇年九月二一日アクセス）

(34) 二〇一九年三月一二日 福岡地方裁判所久留米支部 準強姦被告事件、二〇一九年三月一九日 静岡地方裁判所浜松支部 強制性交等致傷被告事件、二〇一九年三月二六日 名古屋地方裁判所岡崎支部 準強制性交等被告事件、二〇一九年三月二八日 静岡地方裁判所 強姦、児童買春、児童ポルノに係る行為等の規制及び処罰並びに児童の保護等に関する法律違反被告事件（児童買春、児童ポルノに係る行為等の規制及び処罰並びに

児童の保護等に関する法律違反については、罰金一〇万円の有罪判決）

（35）フラワーデモ編『フラワーデモを記録する』二〇二〇　エトセトラブックス　八八頁

（36）二〇二〇年三月以降は、新型コロナウイルス感染拡大防止の観点から、街頭でのスピーチやスタンディングを見合わせ、オンラインやTwitterを利用するなど、臨機応変な実施形態がとられている。

（37）『毎日新聞』二〇二〇年三月一三日　朝刊　二七頁

参考文献・資料

赤川学『セクシュアリティの歴史社会学』一九九九年　勁草書房
秋田県警察史編纂委員会編『秋田県警察史　下巻』一九七一年　秋田県警察本部
渥美東洋・宮島里史「アメリカ合衆国における性犯罪前歴者対策について」『警察学論集』二〇〇六年　五九巻二号
阿部純二「強制わいせつ罪における性的意図の要否」『現代刑事法』二〇〇〇年　二巻三号
磯部四郎『改正増補　刑法〔明治一三年〕講義』（杉村章三郎他監修　芦部信喜他編集『日本立法資料全集別巻一四一』一九九九年　信山社）
井田真木子『ルポ十四歳――消える少女たち』二〇〇二年　講談社文庫
板谷利加子『御直披――レイプ被害者が闘った、勇気の記録』二〇〇〇年　角川文庫
井戸田侃編『総合研究＝被疑者取調べ』一九九一年　日本評論社
井上俊「動機の語彙」作田啓一・井上俊編『命題コレクション　社会学』一九八六年　筑摩書房
今井猛嘉「刑法総則の罰則整備」『ジュリスト』二〇〇四年　一二七六号
今福章二「性犯罪者と社会内処遇（Ⅰ）――カナダ・ブリティッシュコロンビア州における政策とその運用」『犯罪と非行』一九九七年　一一四号
――「性犯罪者と社会内処遇（Ⅱ）――カナダ・ブリティッシュコロンビア州における政策とその運用」『犯罪と非行』一九九八年　一一五号
今村洋子「矯正における実践――性犯罪者処遇の定着のために」『犯罪学雑誌』二〇〇六年　七二巻三号

今村義正「取調べとその技術（七）」『捜査研究』一九六七年　一六巻六号

岩井宜子「性犯罪法の保護するもの」『犯罪社会学研究』一九九五年　二〇号

――「刑事法とジェンダー」辻村みよ子監修　辻村みよ子・山元一編『ジェンダー法・政策研究叢書　第三巻　ジェンダー法学・政治学の可能性――東北大学COE国際シンポジウム・日本学術会議シンポジウム』二〇〇五年　東北大学出版会

上野千鶴子「〈わたし〉のメタ社会学」見田宗介・井上俊・上野千鶴子・大澤真幸・吉見俊哉『岩波講座　現代社会学　第一巻　現代社会の社会学』一九九七年　岩波書店

――『発情装置――エロスのシナリオ』一九九八年　筑摩書房

上野正史「警察における性犯罪対策――子どもに対する犯罪への対策を中心に」『警察学論集』二〇〇九年　六二巻三号

宇佐美昌伸「「子ども買春・子どもポルノ禁止法」をどう考えるか――その背景・内容・課題」『現代文明学研究』二〇〇一年　四号

内山絢子「性犯罪被害の実態（三）――性犯罪被害調査をもとにして――」『警察学論集』二〇〇〇　五三（五）

江原由美子『装置としての性支配』一九九五年　勁草書房

大久保恵美子『犯罪被害者支援の軌跡――「犯罪被害者心のケア」』二〇〇一年　少年写真新聞社

大谷實『新版　刑法各論講義［追補版］』二〇〇二年　成文堂

大野平吉「強制わいせつ罪における主観的要素補説（その一）」『専修法学論集』一九九八年　七四号

小野清一郎「刑法の制定とその変遷」『法曹百年史』一九六九年　法曹公論社

影山任佐「フランスの性犯罪――最近の動向とその対策」『犯罪学雑誌』二〇〇六年　七二巻一号

梶木壽・寺脇一峰・稲川龍也編著『新捜査書類全集　第四巻　取調べ』二〇〇六年　立花書房

霞信彦『明治初期刑事法の基礎的研究』一九九〇年　慶應義塾大学法学研究会
加藤秀一「性暴力の〈力〉はどこからくるのか――セクシュアリティと権力をめぐる断章」『現象学年報』二〇〇〇年　一六号
川端壮康・内山八重「行刑施設における性犯罪者の集団精神療法」『犯罪心理学研究』二〇〇二年　四〇巻二号
河原理子『犯罪被害者　いま人権を考える』一九九九　平凡社
木村光江「刑法各則の罰則整備」『ジュリスト』二〇〇四年　一二七六号
金城清子『法女性学のすすめ――女性からの法律への問いかけ〔第四版〕』一九九七年　有斐閣
――「性的自由の保障と強姦罪」『法学セミナー』一九九〇年　四三〇号
草柳和之『DV加害男性への心理臨床の試み――脱暴力プログラムの新展開』二〇〇四年　新水社
栗田啓二監修・木下貴司『三段対照式　捜査書類作成の基礎①　供述調書編』一九九一年　東京法令出版
警察庁刑事局編『記載要領　新版　捜査書類基本書式例』一九九四年　立花書房
警察庁・性犯罪捜査研究会編著『性犯罪被害者対応ハンドブック〔改訂版〕――性犯罪被害の発生・届出――そのときのために』二〇〇一年　立花書房
警視庁防犯部『性的犯罪に関する防犯意識』一九七八年
県本部防犯課「青少年をめぐる性的犯罪の傾向とその防止対策について」静岡県警察本部警務部教養課『芙蓉』一九五六年　一一巻二号
甲野乙子『悔やむことも恥じることもなく――京大・矢野教授事件の告発』二〇〇一年　解放出版社
古賀由紀子「検事の視点　第八回捜査・公判アラカルト　性犯罪の法定刑と量刑」『捜査研究』二〇〇六年　五五巻三号

後藤貞人「性犯罪における情状弁護」『季刊刑事弁護』二〇〇三年　三五号
後藤弘子「ジェンダーと刑事法との邂逅――刑事法の再構築の可能性」『現代刑事法』二〇〇三年　五巻三号
小西聖子「被害者のこえ――前編」兵庫県警察本部教養課『旭影』一九九六年　一一月号
――「被害者のこえ――後編」兵庫県警察本部教養課『旭影』一九九六年　一二月号
――『ドメスティック・バイオレンス』二〇〇一年　白水社
小林美佳『性犯罪被害にあうということ』二〇〇八年　朝日新聞出版
――「「許さなくていい」――苦しんだ末の私の結論」『婦人公論』二〇〇九年　九四巻七号
小宮山要・松本巌・土井敏彦・斎藤勝次「単独強姦の犯行過程（一）――攻撃場面を中心とした既遂、未遂要因の比較」『科学警察研究所報告　防犯少年編』一九七〇年　一一巻一号
斎藤静敬『刑事政策』二〇〇三年　創成社
齋藤信宰『新版　刑法講義〔各論〕』二〇〇七年　成文堂
佐藤欣子・杉原紗千子「強姦事犯の実態」『法務総合研究所研究部紀要』一九七八年　二一号
ジェーン『自由の扉――今日から思いっきり生きていこう』二〇〇九年　御茶の水書房
繁田実造「改正刑法草案と改正刑法仮案との連続性」『法律時報』一九七五年　四七巻五号
静岡県警察本部刑事部刑事総務課編『性犯罪の実態――昭和五二年の犯罪から』一九七八年
司法研修所検察教官室・警察大学校刑事教養部編著『捜査書類全集〔第一巻・証拠法〕』一九九三年　立花書房
島岡まな「ジェンダーと現行刑法典」『現代刑事法』二〇〇三年　五巻三号
嶋田洋徳「プログラムの基礎となる理論背景」『法律のひろば』二〇〇六年　五九巻六号
白石玲子「日本近代刑事法におけるジェンダー」三成美保編『ジェンダーの比較法史学――近代法秩序の再検討』二〇〇六年　大阪大学出版会

杉田宗久「平成一六年刑法改正と量刑実務の今後の動向について」『判例タイムズ』二〇〇五年　一一七三号
性犯罪者処遇プログラム研究会『性犯罪者処遇プログラム研究会報告書』二〇〇六年　法務省
瀬地山角「性暴力へのアプローチ」『UP』一九九八年　二七巻一〇号
捜査実務研究会編著『新版　供述調書記載要領』二〇〇三年　立花書房
染田惠『犯罪者の社会内処遇の探求――処遇の多様化と修復的司法』二〇〇六年　成文堂
髙木勇人「犯罪対策と情報――イギリスの性犯罪者法、犯罪・秩序違反法」『警察政策研究』二〇〇〇年　四号
高桑益行・松本良枝・佐藤典子「強姦犯人の心理特性とその背景に関する研究」『法務総合研究所研究部紀要』一九七一年　一四号
高島智世「近代日本における性犯罪規定の成立とその構成――旧刑法編纂過程における議論の歴史社会学的分析」『金城大学紀要』二〇〇二年　二号
――「強姦罪はなぜ親告罪なのか?――刑法言説における「被害者の利益」の意味するもの」『女性学』二〇〇九年　一六号
高田卓爾「第三一七条　証拠裁判主義」高田卓爾・鈴木茂嗣編『新・判例コンメンタール刑事訴訟法四　第一審（二）三一七条――三五〇条』一九九五年　三省堂
髙良沙哉「集団強姦罪の制定過程における「性的自由」論議」『沖縄大学法経学部紀要』二〇〇九年　一二号
田口真二・平伸二・池田稔・桐生正幸編著『性犯罪の行動科学――発生と再発の抑止に向けた学際的アプローチ』二〇一〇年　北大路書房
田中萌子『知事のセクハラ　私の闘い』二〇〇一年　角川書店
段林和江「強姦罪の問題点」渡辺和子編『女性・暴力・人権』一九九四年　学陽書房
――「強姦被害者の人権と刑事手続」『法学セミナー』一九九〇年　四三〇号

茅場薫・室井誠一・澤田直子・吉田弘之「殺人、強盗及び強姦事犯者に関する研究――受刑者の意識を中心として（第二報告）」『法務総合研究所研究部紀要』一九八五年　二八号
土本武司「捜査」渥美東洋編『刑事訴訟法』一九九六年　青林書院
綱川政雄『被疑者の取調技術』一九八六年　立花書房
角田由紀子『性差別と暴力――続・性の法律学』二〇〇一年　有斐閣
――「性暴力犯罪被害者の抱える問題――弁護実務の観点から」『刑法雑誌』二〇〇一年　四〇巻二号
――「弁護始末記――強姦被害者に注意義務はない」『時の法令』一九九三年　一四五三号
――「性犯罪をめぐる司法――被害者不在がもたらしたもの」『世界』二〇一八年一月号
角田由紀子・原美奈子「性暴力と法」『現代思想』一九九七年　二五巻一三号
手塚千砂子『警察官の性暴力』一九九〇年　三一書房
土井隆義「犯罪動機の知識社会学的考察――ラベリング・パースペクティブと動機付与論」『ソシオロジ』一九八八年　三三巻二号
――「刑事司法過程における犯行動機の構成」『犯罪社会学研究』一九八八年　一三号
豊田正義『DV――殴らずにはいられない男たち』二〇〇一年　光文社
内閣総理大臣官房男女共同参画室『男女間における暴力に関する調査』（平成一一年度調査）二〇〇〇年二月
長島裕「目的ないし内心的傾向」石川弘・松本時夫編『刑事裁判実務体系　第九巻　身体的刑法犯』一九九二年　青林書院
中田修・石井利文「社会復帰に成功した性犯罪累犯者――年齢と身につけた技術が成功の主因」『犯罪と非行』一九九六年　一〇八号
中村正「ドメスティック・バイオレンス加害者治療の試み――「男の非暴力グループワーク」の経験から」『ア

ディクションと家族』二〇〇〇年　一七巻三号
中山研一「改正刑法仮案の歴史的考察――改正刑法準備草案の本質規定の前提として」『法律時報　七月号臨時増刊』一九六〇年　三二巻八号
名古屋保護観察所特別処遇実施班「保護観察所における性犯罪者処遇プログラムについて」『更生保護』二〇〇八年　五九巻八号
成瀬幸典「「性的自由に対する罪」に関する基礎的考察」辻村みよ子監修、齊藤豊治・青井秀夫編『ジェンダー法・政策研究叢書　第五巻　セクシュアリティと法』二〇〇六年　東北大学出版会
成智英雄『性犯罪――歪められた社会の断層』一九六六年　潮文社
日経ウーマン編『ウーマン・オブ・ザ・イヤー――しびれるほど仕事を楽しむ女たち』二〇〇五年　日本経済新聞
乗本正名「防犯警察に対する一考察――防犯活動の今後の課題」『警察公論』一九六一年　一六巻二号
萩原玉味「我が国における強姦罪の量刑事情と今後の課題――昭和四二年一月から平成九年一二月までの第一審判決を中心に」『明治学院論叢　法学研究』一九九九年　六三五号
橋本牧子「新法における改善指導について（その三）　性犯罪再犯防止プログラムの内容」『刑政』二〇〇六年　一一七巻三号
浜田寿美男『自白の研究――取調べる者と取調べられる者の心的構図』一九九二年　三一書房
林幸司・松田盛雄・藤丸靖明「性犯罪者の治療――矯正の果たす役割」『矯正医学』二〇〇〇年　四九巻一号
林幸司・藤丸靖明・松田盛雄「性犯罪者の治療――矯正の果たす役割（二）」『矯正医学』二〇〇一年　四九巻二―四号
林陽子「強姦をめぐる法状況」『法学セミナー』一九九〇年　四三〇号

原田國男『量刑判断の実際〔増補版〕』二〇〇四年　現代法律出版
樋口晴彦・脇田慶和「〈パネルディスカッション〉「女性警察官の現状と課題」の開催について」『警察学論集』一九九九年　五二巻六号
秀嶋ゆかり「刑事実務におけるジェンダー」『現代刑事法』二〇〇三年　五巻三号
平井佐和子「性暴力犯罪と裁判員裁判――二〇〇九年の事例から」『西南学院大学法学論集』二〇一〇年　四二巻三・四号
福島瑞穂『裁判の女性学――女性の裁かれかた』一九九七年　有斐閣
――「性は日本でどう裁かれてきたか」加藤秀一・坂本佳鶴恵・瀬地山角編『フェミニズム・コレクションⅡ　性・身体・母性』一九九三年　勁草書房
藤岡淳子「塀の中の性犯罪者治療――日本の現状と課題」『アディクションと家族』二〇〇〇年　一七巻三号
――『性暴力の理解と治療教育』二〇〇六年　誠信書房
藤川洋子「アスペルガー障害と性犯罪」『現代のエスプリ』二〇〇六年　四六五号
藤永幸治編集代表『シリーズ捜査実務全集九　風俗・性犯罪』一九九六年　東京法令出版
藤目ゆき『性の歴史学――公娼制度・堕胎罪体制から売春防止法・優生保護法体制へ』一九九七年　不二出版
藤本哲也『性犯罪研究』二〇〇八年　中央大学出版部
フラワーデモ編『フラワーデモを記録する』二〇二〇　エトセトラブックス
星野周弘「犯罪化・非犯罪化の実態と犯罪現象への影響」岩井弘融・所一彦・星野周弘編『犯罪観の研究――現代社会の犯罪化・非犯罪化』一九七九年　大成出版社
牧野雅子「警察組織とジェンダー――「婦人警察官」「女性警察官」の歴史的考察」『ジェンダーと法』二〇〇六年　三号

――『痴漢とはなにか　被害と冤罪をめぐる社会学』二〇一九　エトセトラブックス
松浦理英子「嘲笑せよ、強姦者は女を侮辱できない――レイプ再考」井上輝子・上野千鶴子・江原由美子編『セクシュアリティ　日本のフェミニズム六』一九九五年　岩波書店
松坂規生「子ども対象・暴力的性犯罪の出所者による再犯防止を含む子どもを犯罪から守るための対策について」『警察学論集』二〇〇五年　五八巻九号
松本巌・小宮山要・土井敏彦・斉藤勝次「単独強姦の犯行過程（二）――犯行経過を中心とした既遂、未遂要因の比較」『科学警察研究所報告　防犯少年編』一九七〇年　一一巻一号
松本巌・小宮山要・平野孝雄「強制わいせつの加害者と被害者との関係」『科学警察研究所報告　防犯少年編』一九七二年　一三巻二号
緑河実紗『心を殺された私――レイプ・トラウマを克服して』一九九八年　河出書房新社
宮城浩蔵・講述『刑法講義　第二巻』一八八五年　明治法律学校
宮澤浩一「わが国の被害者学研究の現状と将来」宮澤浩一編『犯罪と被害者　第一巻――日本の被害者学二』一九七二年　成文堂
宮園久栄「なぜ強姦被害者は告訴しないのか」第二東京弁護士会司法改革推進二弁本部ジェンダー部会　司法におけるジェンダー問題諮問会議編『事例で学ぶ　司法におけるジェンダー・バイアス』二〇〇三年　明石書店
宮地尚子『トラウマの医療人類学』二〇〇五年　みすず書房
村山眞維「現代社会と検察・弁護・裁判」宮澤浩一・藤本哲也・加藤久雄編『犯罪学』一九九五年　青林書院
本村洋・弥生『天国からのラブレター』二〇〇〇年　新潮社
森岡正博「男性から見た避妊」『インパクション』一九九七年　一〇五号

森川恭剛「強姦罪の問題点」『法学セミナー』一九九八年　四三巻一〇号
――「強姦罪について考えるために」『琉大法学』一九九八年　六〇号
守屋克彦『自白の分析と評価――自白調書の信用性の研究』一九八八年　勁草書房
安田貴彦「警察における性犯罪被害者対策」宮澤幸一・國松孝次監修『講座被害者支援　第二巻　犯罪被害者対策の現状』二〇〇〇年　東京法令出版
――「警察における被害者対策の意義と今後の課題」「警察行政の新たなる展開」編集委員会編『警察行政の新たなる展開　上巻』二〇〇一年　東京法令出版
――「日本警察の誇るべき成果」『警察時報』二〇〇三年　五八巻三号
谷田川知恵「性的自由の保護と強姦処罰規定」『法学政治学論究』二〇〇〇年　四六号
矢野恵美「スウェーデンにおけるドメスティック・バイオレンス対策――男女共同参画推進とDVに関する一考察」『ジェンダーと法』二〇〇五年　二号
矢野祐子「旧刑法における「祖父母父母ニ対スル罪」の成立」杉山晴康編『裁判と法の歴的展開』一九九二年　敬文堂
山口静夫・室井誠一・澤田直子・吉田弘之「殺人、強盗及び強姦事犯者に関する研究――受刑者の意識を中心として（第一報告）」『法務総合研究所研究部紀要』一九八四年　二七号
遊間義一「性非行の再入率と累行性」『罪と罰』二〇〇五年　四二巻二号
吉岡一男『刑事制度論の展開』一九九七年　成文堂
吉岡隆・高畠克子編『性依存――その理解と回復』二〇〇一年　中央法規
吉廣紀代子『僕が妻を殴るなんて――DV加害者が語る』二〇〇一年　青木書店
渡辺修編著『刑事手続の最前線』一九九六年　三省堂

Becker, Howard S., *Outsiders : Studies in the Sociology of Deviance*. Free Press of Glencoe, 1963（ベッカー、ハワード・S、村上直之訳『新装版　アウトサイダーズ――ラベリング理論とはなにか』一九九三年　新泉社）

Beneke, Timothy, *Men on Rape*. St. Martin's Press, 1982.（ベイネケ、ティモシー、鈴木晶・幾島幸子訳『レイプ・男からの発言』一九八八年　筑摩書房）

Dworkin, Andrea, *Intercourse*. Secker & Warburg, 1987（ドウォーキン、アンドレア、寺沢みずほ訳『インターコース――性的行為の政治学　新版』一九九八年　青土社）

Estrich, Susan, *Real Rape*. Harvard University Press, 1987.（エストリッチ、スーザン、中岡典子訳『リアル・レイプ』一九九〇年　ＪＩＣＣ出版局）

Herman, Judith Lewis, *Trauma and Recovery*. Basic Books, 1997（ハーマン、ジュディス・L、中井久夫訳『心的外傷と回復〈増補版〉』一九九九年　みすず書房）

Mills, C.W., "Situated Actions and Vocabularies of Motive," *American Sociological Review*, 5 (6) , 1940（ミルズ、チャールズ・ライト、田中義久訳「状況化された行為と動機の語彙」青井和夫・本間康平監訳『権力・政治・民衆』一九七一年　みすず書房）

Plummer, Ken, *Telling Sexual Stories : Power, Change, and Social Worlds*. Routledge, 1995.（プラマー、ケン、桜井厚・好井裕明・小林多寿子訳『セクシュアル・ストーリーの時代――語りのポリティクス』一九九八年　新曜社）

Schultz, Pamela D., *Not Monsters : Analyzing the Stories of Child Molesters*. Rowman & Littlefield, 2005.（シュルツ、パメラ・D、颯田あきら訳『九人の児童性虐待者』二〇〇六年　牧野出版）

Sykes, G., and Matza, D., "Techniques of Neutralization : A Theory of Delinquency,",*American Sociological Review*, 22(6), 1957

『否認事件の捜査　研修生課題研究報告第六五号』一九七四年　警察大学校特別捜査幹部研修所
「実務講座　警務教室　警察管理　派出所における巡査部長の心構えと部下の指導育成方策」『月刊警察』一九八七年　五巻六号
「〈性犯罪捜査の現場から〉常に相手の立場に立った対応を――神奈川県警察本部捜査第一課板谷利加子係長に聞く」『警察公論』一九九八年　五三巻八号
「昇任試験受験対策　新論文問題と答案　刑事」『Keisatsu koron』二〇〇三年　五八巻五号
「緊急企画　性犯罪被害者の痛み――獄中からの加害者の手紙に応えて」『婦人公論』二〇〇九年　九四巻七号
性犯罪の罰則に関する検討会「『性犯罪の罰則に関する検討会』取りまとめ報告書」二〇一五年八月六日
『法令全書』明治一三年版
――　明治四〇年版
――　昭和一六年版
――　昭和一七年版
――　昭和三三年四月号
――　平成一六年一二月号（一）
『最高裁判所刑事判例集』三巻六号
――　二四巻一号
『東京高等裁判所判決時報』五巻八号

『第十三回国会衆議院法務委員会議録第二十七号』一九五二年三月二八日
『第二十八回国会衆議院法務委員会議録第十九号』一九五八年四月一日
『第二十八回国会衆議院法務委員会議録第二十三号』一九五八年四月八日
『第百六十一回国会衆議院法務委員会議録第七号』二〇〇四年一一月一二日
『衆議院会議録第十二号』二〇〇四年一一月一八日
『参議院会議録第十号』二〇〇四年一二月一日
法務省『法制審議会刑事法特別部会　第五小委員会議事要録（四）』一九六七年
『法制審議会刑事法（凶悪・重大犯罪関係）部会　第二回会議　議事録』二〇〇四年五月一七日
早稲田大学鶴田文書研究会編『日本刑法草案会議筆記　第三分冊』一九七七　早稲田大学出版部
警察庁刑事局『犯罪統計書　昭和三三年』一九五九年
――『昭和三九年の犯罪』一九六五年
『犯罪白書』平成元年版　大蔵省印刷局
――平成一七年版　法務省法務総合研究所
――平成二二年版　法務省法務総合研究所
――令和元年版　法務省法務総合研究所

『警察白書（平成八年版）』一九九六　警察庁
『朝日新聞』二〇〇七年一月一一日　朝刊大阪本社版
――二〇〇七年六月二七日　朝刊
――二〇一〇年四月九日　夕刊
――二〇一〇年五月一二日　朝刊
――二〇一一年一月二三日　夕刊
――二〇一一年七月二六日　朝刊
――二〇一一年九月七日　朝刊
――二〇一八年六月一三日　千葉朝刊
――二〇二〇年九月八日　朝刊
『毎日新聞』一九九七年九月三日　東京朝刊
――二〇一一年七月二六日　朝刊
――二〇一八年四月六日　大阪朝刊
――二〇二〇年三月一三日　朝刊
『読売新聞』一九九七年二月一七日　東京朝刊
『琉球新報』二〇一二年一二月三〇日

『産経新聞』二〇〇四年六月一一日　朝刊大阪本社版

『日刊警察』一九六一年六月三日

――一九七一年六月一八日

――一九七一年六月一九日

――一九七一年七月一五日

――一九七二年六月二一日

――一九七八年七月一五日

――一九八〇年七月一六日

――一九八〇年八月一一日

――一九八二年八月四日

――一九八四年七月二一日

――一九八五年六月二三日

――一九八七年七月一〇日

――一九九八年二月二五日

――二〇〇五年三月一一日

――二〇〇六年三月七日

初版あとがき

きっかけは公判傍聴だった。その時点では、博士論文はおろか、研究対象にしようという気持ちすらなかった。

被告人は警察学校の同期生であった。初任地も同じ。在職中にわたしが彼から「奪い取った」ぬいぐるみは、今も手元にある。わたしは退職し、大学院に進学したが、彼は警察官として勤務し続けていた。

当時、わたしは、被害者の視点から刑事司法システムを見直す必要性を強く主張する一人だった。加害者に憤りを覚える。性暴力を許さないと叫ぶ。被害性を軽視する法の価値観に異議を唱える。被害者に多大な負担を強いる刑事手続きの改善を望む。

しかし、彼の事件は、公判で見た彼の姿は、わたしに決定的な視点の転換をもたらした。そして、誰も加害者になって欲しくない、という突き上げるような思い。

法に被害者の視点を導入するという議論は、いわば対処療法に過ぎず、根本的な問題解決にはなっていないように思われた。必要なのは、性暴力をなくすにはどうしたらいいのか、性暴力のない社会をどうやって構築していくかという議論である。被害者がいて、その後から性暴力が起きるのではないのだ。ここでは、加害者と被害者の性暴力の認識は大きく違うとか、被害者の勇気ある申告によってしか加害事実は明らかにされないのだから、最初に被害者ありきといった議論は、おいておく。

理論と実践の架橋といい、研究と実務の融和という。性暴力と法をめぐる議論に、これほど求められていることはない。だが、問題の解決を法に委ねようとすれば、対象の定義を避けては通れない。そこでは、誰が法の保護対象となり、誰は対象とならないのか、冷酷な線引きがされてしまう。性暴力に関するこれまでの議論は、その線引きが男性の都合によって行われてきたことを指摘し、その権限を女性が取り戻そうとしたものだともいえる。だが、女性が線を引きさえすれば問題は解決するのだろうか。


傍聴席でメモをとりながら、わたしは、捜査員として関わったある事件を思い出していた。輪姦事件。犯行メンバーの一人は女性だった。わたしは、その女性の取調べを担当した。結果として、彼女は犯行には直接関与していないとされ、共犯者としての立件は見送られた。

彼女は、それまで、集団内で何度も強姦されていたという。事件時も、被害者に対して罪悪感を抱きながらも、息をひそめて、自分に矛先が向かないように祈っていたのだという。捜査員の間で彼女は被害者とはみなされていなかった。そもそも、彼女の当初の位置づけは事件の共犯者である。被害者ですら、途中で逃げられたのにと言われ、その落ち度が問題にされていたのである。

取調べの後、彼女は被害者のことを口にした。「でも、あの娘……」

それは、被害者の落ち度や貞操観念を疑い被害者資格を問うような言葉だった。これまでうんざりするほど聞かされてきた、性暴力の加害責任を被害者に負わせる言葉。それが、性暴力被害者自身の口から、別の性暴力被害者に対して吐かれてしまう。自分は法によって守られず、この女性は守られる。あまつさえ、自分は加害者側の人間として扱われている。そうした思いを、彼女は被害女性を非難することで表現したのだった。

それを聞いた男性捜査員は彼女を罵倒した。なぜ犯行を止めさせなかったのか。なぜ被害者を助けなかったのか。なぜ自分だけ逃げたのか。なぜ通報しなかったのか。なぜ被害者の落ち度を指摘するのか。同じ女性なのに、と。

犯罪集団の中にあっても、女性は性暴力の被害者になる、そう指摘するのは簡単である。女性同士を対立させることで本来問題にすべき男性の暴力性から目を逸らさせる、それこそが家父長制の戦略なのであると言うこともできよう。

わたしはその時、どうすべきだったのだろう。

「犯罪被害者保護」の立場を貫くのならば、彼女を共犯者として立件すべく、供述を得る「努力」をすべきであった。事件に関与したすべての人間に適切な処罰を与えること、それが刑事司法の目的であり、それなくして被害者保護はあり得ない。そして、彼女の被害者に対する眼差しを厳しく問いただすべきであった。

「女性」の立場を擁護するのであれば、彼女を一性暴力被害者として扱うべきであった。男性捜査員からなじられるような、そういう場に彼女をさらすことは絶対にしてはならなかった。

性暴力は女性の問題として扱われている。女性の性的自由の保護や人権の問題として議論され、女性による定義の必要性が叫ばれる。事件が起これば加害男性ではなく、女性が被害を防げたか否かが問われる。守られるべき対象と法が関与しない対象に、女性が経歴や属性によって引き裂かれてしまう。二次被害が起こるのは、女性が被害者の対応をしなかったからだと、捜査機関の女性の不在が問題になる。守られるべきも女性なら、守るべきも女性。いつも問題になるのは女性、女性、女性、だ。対立させられ、消耗し、解決策を出すことまでもが求められる。その一方で、男性は？　加害者は？　あるいは捜査員は？　問われるべきは彼らではないのか。

公判で「追及される」犯行動機。ステレオタイプ化された被害者像。検察官によってドラマチックに「代弁」される被害者の声。被告人の頭上を行き交う予定調和の質問。

刑事裁判で明らかにされるものとは何なのだろう。

滑稽だと思った。だが、わたしも、かつてはこうした司法手続きの一端を担っていたのだ。でも、だからこそ、その問いに取り組みたいと思った。性暴力を男性の問題として突き返すこと。刑事司法が加害男性をどう扱っているのかを顕わにすること。

そうして、「調査」が開始された。

男性性暴力加害者に対して女性研究者がインタビューを行う、その利点もあれば弊害もある。ましてや、相手は知人である。本来、こうした調査は男性研究者によって行われるべきなのだろう。裁判を追い、インタビューを続ける中で、幾度となくわたし自身の「傷」が疼き、新しく「傷」が作られもした。それらをまとめるにも、想像以上に長い時間がかかった。メモを読み返すだけで、生々しい感情が吹き出し、分析どころではなくなる。インタビュー記録や書簡を「資料」として突き放して読めるようになるまでには、何年もの時間を要した。その後も、書いては感情が乱され、調査で経験したことと自分が書いたもののあまりの差に落胆し、自分の能力では扱えないテーマだと逃げたくなり、自分には無理だと諦めもして。それは、博士論文執筆時だけでなく、出版が決まり、原稿に手を入れている間にも起こった。

被害者支援にあたっている方々から、ご批判を頂戴することも少なくなかった。あなたは間違っていると、面と向かって言われたこともある。被害者の支援すら不充分な状態で、加害者のことを考えるべきではない、と。確かに、性暴力被害者の保護に関しては、いまだ問題は山積しており、法や予算の手当てや人的支援が必要なことは論を待たない。ただ、加害者について考えることは、被害者の保護と矛盾するものでも、対立するものでもないことは強調しておきたい。

本書は、京都大学大学院人間・環境学研究科に提出した博士論文「刑事司法におけるジェンダーの視点――性暴力被害者の保護から加害者の責任追及へ」に加筆修正したものである。

多くの方々の援助なくして本書の完成はなかった。記してお礼申し上げたい。

指導教官の田邊玲子先生には、どれほど感謝してもしつくせない。泣き言を聞いて貰うためだけに研究室に伺ったこともしばしばだった。自らこのテーマや手法を選んだというのに、音を上げて投げ出そうとするわたしを、辛抱強く励まし指導して下さった。

論文を審査下さった、高橋由典先生、小山静子先生、小畑史子先生にも感謝申し上げたい。先生方から頂いたコメントには、当時のわたしの力では応えることの出来ないものもあった。今後の課題として、これからの研究に生かしていきたいと思う。

「調査」の周辺については、詳細な記述は慎むべきだろう。それでも、調査に際してお世話になった方々への感謝の意はここに記しておきたい。

出版にあたっては、京都大学から人間・環境学研究科人文・社会系若手研究者出版助成を受けた。記して感謝したい。

最後に、出版の機会を与えて下さり、多大な迷惑をおかけしたにもかかわらず温かく見守って下さった深田卓さんに、心から感謝申し上げます。

二〇一三年三月

牧野雅子

増補版あとがき

本書は、二〇一三年に出版された『刑事司法とジェンダー』に、その後の性暴力をめぐる社会についての「性暴力を許さない社会のために」を書き加えたものである。増補分は、一章に続くものとして読んでいただければと思う。旧版出版時の議論は、現在では古くなっている部分もあるが、当時の議論も、性暴力をめぐる社会の変動の一つとして記録しておく必要があると考え、手を加えることはしなかった。

大きく変わったといえば、二〇一七年の性犯罪についての刑法改正である。一一〇年ぶりの改正といわれ、被害者の性別の撤廃や、姦淫に限定されていた対象行為の拡大、法定刑の引き上げ、非親告罪化、そして、監護者による性行為の処罰も新設された。旧版の序章でまとめた、性暴力をめぐる司法の課題は、この法改正で改善された部分も多い。一方で、性暴力被害者にとって、とりわけ大きな障壁となっていた、暴行・脅迫要件については、以後の議論に持ち越された形になった。法務省による性犯罪に関する刑事法検討会や、その後の議論で進展が期待されるところである。

一方で、変わっていないこと、あるいは、後退したように思われるところもある。性犯罪事件を報じる新聞記事には、警察発表や捜査関係者からの情報によるとして、容疑者が「性欲を満たすため」に犯行に及んだと、その動機が記されることがある。警察捜査に通底する性暴力観が、いまだ変わっていないことが読み取れるとともに、記事が社会に与える影響を思う。こうした記事が、性暴力は男性の性欲によって起こるものであり、男性のいわば自然な欲望・欲求の発露であり、生物として仕方のないことであり、だからこそ、女性はその欲望・欲求を刺激しない義務があり、自衛に努めなければならないのだ、という空気を醸成することに一役買っている。

そもそも、被害者になり得る人たちが自衛をすれば、性暴力はなくなるのだろうか。たとえば、かつての警察による電車内痴漢対策は、加害者の取締りに重点を置いたものであった。しかし、近年は、被害者に自衛を求めるもの、被害「相談」を推奨するものとなっており、加害者の存在は不可視化され、痴漢は被害者の問題であるかのようである。性暴力対策としては後退した感がある。

広く、性暴力、セクシュアルハラスメントに目を向けると、#MeToo 運動に象徴されるように、この数年で、社会は変わりつつあると思う。

二〇一八年春の、財務省事務次官によるセクハラ事件に端を発した、メディアで働く女性記者たちの告発で衝撃だったのは、警察幹部からのセクハラ被害がとても多かったことであった。わたし自身も、警察官による女性記者へのセクハラがあることは、知り合いの女性記者から聞いてはいたが、彼女たちにとって、それが「常態」であったとは。「中」にいたことのある者として、そのことに気づけなかったことを強く恥じた。

加害者の多くは、副署長や次席クラスの広報を担当する立場の人たちだ。中には、キャリア組もいるという。その「立場」を利用した卑劣な行為の数々。記者は、情報を取りそれを書くのが仕事である。特ダネを狙いたいという野心も当然あるだろう。その、情報が欲しいという、記者としての当然の思いを、弱みとして利用して、誘い出し、性暴力を行い、情報が貰えなくなることを恐れて口外しないであろうことを期待して、更なる暴力を振るう。多くの女性記者たちは、情報を欲しいと思ったこと、結果としてそのようにして情報を得たこと、被害を告発できなかったことを責め、あるいは、そういうものだといわば諦めてきた。罪悪感を抱いた相手を、さらに追いつめ利用するのは、性暴力加害者の常である。性暴力は性欲によって起こる自然な行為なのではなく、権力を利用した暴力、権力の行使だと言われる。それが如実に表れているのが、警察官による女性記者に対するセクハラ・性暴力であると思う。

性犯罪を取り締まる警察の幹部であり、本来ならば、セクハラ加害の事実を書かれたら、誰より困るのが自分自身のはずだ。しかも、自分の加害行為の相手は、書いて伝えるのが仕事の人たちである。その人を相手に、セクハラ行為に及ぶことが出来てしまうことの恐ろしさと愚かさ。だが、そのことこそが、「女性」記者たちに対する差別意識の表れで、差別行為そのものである。警察を担当する記者は、概ね若い記者であることも一因だろう。言うはずがない、という見くびり。言ったらどうなるか分かっているだろうな、という無言の圧力。なんというあからさまな権力の行使だろうか。

犯罪を取り締まる側の警察が、とも言われるが、自分の加害行為をもみ消すことが出来るのも、取り締まる権限を持つ側だからこそ、である。また、取り締まる側の人間によって行われる暴力が、被害者にとって二重の無力感――正義の不在と、助けを求められる場所の不在――を植え付ける。加害者は、被害者が声に出せないことを熟知し、それを利用して加害行為に及ぶ。罪悪感につけ込み、無力感を押しつけて、被害者の力を奪う。性暴力は権力の問題。これはもう、構造的な、組織的な犯罪であると言ってもよいと思う。そしてこの暴力は、性犯罪を取り締まるはずの警察によって今も行われている。こうした、警察という組織とジェンダーの問題については、改めて論じたい。

一方で、性暴力問題における女性記者の存在感は、二〇一九年三月の性犯罪無罪判決をめぐる報道やその後の運動――フラワーデモ――でも明らかだ。フラワーデモのきっかけとなった無罪判決が女性記者によって報じられたものであることは、おそらく偶然ではない。近年増えている、性暴力問題を丁寧に扱う記事が、女性記者によるものであることの意義を、メディアももっと重視して欲しいと思う。

旧版が世に出てから、被害者支援にかかわる方たちに向けて、話したり書いたりする機会をいただくことが増えた。被害当事者の方にお話を伺う機会も格段に増えた。性暴力加害者や、加害者家族の方とお目にかかる機会も増えた。こちらから、話を伺いたいと連絡を取る場合もあるが、多くは、当事者の方たちから連絡をいただく。時には、裁判書類のコピーを見せてもらうこともある。

性犯罪加害者の、とりわけ家族の方たちから伺う話は重い。出所して、やり直そうと思っても、前科が知られていることで、せっかく就いた仕事を辞めさせられる、本人も過去を知られることを恐れて引きこもりがちになる、こうしたストレスがいつかまた彼を性犯罪に向かわせるのではないかという不安。そして、その家族にも、性暴力被害経験を持つ人がいることは珍しくないのだった。自身が被害を受けてその傷がいまだ癒やされていないというのに、性犯罪加害者である家族の再犯の心配をする――。性暴力被害経験のある女性が多いという事実は、つまり、そういうことでもあるのだ。

友人のジャーナリスト、故長田美穂さんのことについて。性暴力と司法の問題を扱ったあるシンポジウムでわたしが報告を行った際、会場に来られていた長田さんから声をかけていただいたのが最初の出会いである。長田さんのテーマも性暴力で、アメリカの性暴力被害者支援、加害者の再犯防止施策を取材し、レポートを続けていた。大学院で性暴力加害者の問題を研究することも決まっていた。同い年、研究テーマが同じ、同病者でもあり、彼女と会うと話は尽きなかった。とあるメディアの性暴力事件報道の酷さについて、書くことの暴力性について、現実と切り結ぶことの覚悟について。家父長制社会への怒り、そして、生きていることの意味について。

彼女が亡くなって五年。性暴力のことが問題になるたび、たとえば性犯罪者の再犯防止策や刑法改正議論について、彼女ならどう考えるだろう、誰に取材し、何を書くだろうと、いつも考えてしまう。長田さんがいてくれたら、と思うこともしょっちゅうだ。彼女の書いた論文も読みたかった。

わたしが取材されたこともあった。喫茶店で、突然鋭くなった質問に狼狽えた時のことを、今も鮮やかに思い出すことが出来る。しかし、その原稿は、ついぞ世に出ることはなかった。それが、わたしが自分で書くように、と彼女が遺した宿題なのだとしたら。その宿題を、少しは果たせただろうか。

増補版を出すに当たって書き加えた章は、日本女性学習財団『We learn』二〇一八年　七八〇号に掲載された「性犯罪『被害』防止対策の問題点」が元になっている。本書への掲載を快諾下さった日本女性学習財団にお礼申し上げる。また、本書の研究の一部は、ＪＳＰＳ科研費 JP16K02033 の助成を受けたものである。記して感謝したい。

二〇二〇年一〇月

牧野雅子

牧野雅子（まきのまさこ）
1967 年富山県生まれ。
龍谷大学犯罪学研究センター博士研究員、京都大学非常勤講師。
京都大学大学院人間・環境学研究科博士後期課程研究指導認定退学。
社会学、ジェンダー研究。
著書
『刑事司法とジェンダー』インパクト出版会、2013 年
『痴漢とはなにか　被害と冤罪をめぐる社会学』エトセトラブックス、2019 年

増補　刑事司法とジェンダー

2020 年 10 月 30 日　第 1 刷発行

著　者　牧　野　雅　子
発行人　深　田　　　卓
装幀者　宗　利　淳　一
発　行　インパクト出版会
〒 113-0033　東京都文京区本郷 2-5-11　服部ビル 2F
Tel 03-3818-7576　Fax 03-3818-8676
E-mail：impact@jca.apc.org
http://impact-shuppankai.com/
郵便振替　00110-9-83148

モリモト印刷